A TRÓPUSI KONYHA IGAZI ÜNNEPE

100 finom étel a napsütötte partoktól az asztalig

RICHÁRD VIRÁG

Copyright Anyag ©2024

Minden jog fenntartva

megfelelő írásos hozzájárulása nélkül ennek a könyvnek egyetlen része sem használható fel vagy továbbítható semmilyen formában vagy módon , kivéve az ismertetőben használt rövid idézeteket. Ez a könyv nem helyettesítheti az orvosi, jogi vagy egyéb szakmai tanácsokat.

TARTALOMJEGYZÉK

TARTALOMJEGYZÉK 3
BEVEZETÉS 6
TROPIKUS REGGELIEK 7
   1. Trópusi omlett 8
   2. Ananász Chia puding 10
   3. Trópusi francia pirítós 12
   4. Arany gofri trópusi gyümölcsökkel 14
   5. Trópusi gyümölcs Crêpe s 17
   6. Trópusi kókuszpuding 19
   7. Trópusi palacsinta 21
   8. Trópusi joghurtos tál 23
   9. Trópusi gyümölcs turmix tál 25
   10. Mangós kókuszos palacsinta 27
   11. Trópusi Acai Bowl 29
   12. Kókuszos Mangó Quinoa Reggeli Tál 31
   13. Papaya Lime reggeli parfé 33
   14. Trópusi reggeli Burrito 35
   15. Kókuszos banán kenyér 37
   16. Trópusi reggeli tacos 39
   17. Trópusi avokádó pirítós 41
TRÓPUS NAGYON 43
   18. Trópusi snack mix 44
   19. Trópusi koktél ceviche 46
   20. Trópusi citrom fehérjefalatok 48
   21. Trópusi diós pizza 50
   22. Ananász kókuszos energiagolyók 52
   23. Trópusi gyümölcsök kabobok 54
   24. Kókuszos lime pattogatott kukorica 56
   25. Kókuszlime Guacamole 58
   26. Kókuszos garnélarák 60
   27. Trópusi Granola bárok 62
   28. Tropical Mango Salsa Roll-Upok 64
   29. Grillezett ananász nyárs 66
   30. Kókuszos banánfalatok 68
   31. Trópusi joghurtos mártogatós 70
   32. Trópusi gyümölcssaláta 72
TROPIKUS FŐVEZETÉKEK 74
   33. Krémes trópusi gyümölcssaláta 75
   34. Trópusi ananász csirke 77
   35. Kóstolja meg a trópusi garnélarákot 79

36. Karib-tengeri grillezett sertéshús trópusi salsával 81
37. Homár farok grillezett trópusi gyümölccsel 83
38. Trópusi fekete bab saláta mangóval 85
39. Trópusi rizstál 87
40. Trópusi sertés kebab 89
41. Jamaicai Jerk Pork 91
42. Mangó Curry Tofu 93
43. Karib-tengeri fekete bab és mangó quinoa saláta 96
44. Hawaii Teriyaki csirke 98
45. Kókuszos lime garnélarák curry 100
46. Jamaicai Curry kecske 102
47. Karib-tengeri stílusú Fish Tacos 104
48. Mangómázas lazac 106
49. Karib-tengeri növényi curry 108
50. Jerk csirke mangó salsával 111
51. Hawaii BBQ sertésborda 113
52. Karib-tengeri grillezett steak ananászsalsával 115

TROPIKUS DESSZERTEK 117
53. Trópusi gyümölcs pavlova 118
54. Trópusi Margarita Sorbet 120
55. Kókuszos és ananászos trópusi fahéj 122
56. Trópusi apróság 124
57. Trópusi hengerelt fagylalt 126
58. Trópusi gyümölcshab 128
59. Trópusi gyümölcs sörbet 130
60. Mangó kókuszos Chia Popsics 132
61. Mangó kókuszos Panna Cotta 134
62. Piña Colada Cupcakes 136
63. Passion Fruit Mousse 138
64. Mangó ragacsos rizs 140
65. Guava sajttorta 142
66. Fejjel lefelé fordított ananászos torta 145
67. Kókuszos makaronok 148
68. Ananászos kókuszos fagylalt 150
69. Kókuszos rizspuding 152
70. Mangós kókuszos torta 154
71. Papaya Lime Sorbet 157
72. Kókuszos banán puding 159
73. Ananász Coconut Crumble 161

TROPIKUS ITALOK 163
74. Trópusi víz 164
75. Trópusi paradicsom 166
76. Trópusi jeges tea 168

77. Fűszeres trópusi zöld turmix 170
78. Trópusi mandarin turmix 172
79. Trópusi quinoa turmix 174
80. Tropicala 176
81. Piña Colada 178
82. Eper Daiquiri 180
83. Trópusi Margarita 182
84. Blue Hawaiian Mocktail 184
85. Mango Mojito Mocktail 186
86. Kókuszos limeade 188
87. Trópusi Sangria 190
88. Görögdinnye Lime hűtő 192
89. Mangó zöld tea 194
90. Trópusi puncs 196
91. Hibiszkusz jeges tea 198
92. Trópusi jeges kávé 200

TROPIKUS FŰSZEREK 202
93. Ananász-papaya salsa 203
94. Mangó salsa 205
95. Kókuszos koriander Chutney 207
96. Tamarind Chutney 209
97. Passion Fruit vaj 211
98. Papaya vetőmag csávázás 213
99. Guava BBQ szósz 215
100. Mangó Habanero szósz 217

KÖVETKEZTETÉS 219

BEVEZETÉS

Kényeztesd érzékeidet egy kulináris utazásban, amely túllép a határokon, és a trópusok napsütötte partjaira repít a "A trópusi konyha igazi ünnepe" segítségével. Ez a szakácskönyv a trópusi konyhát jellemző élénk és változatos ízek pazar ünnepe – olyan ízek kaleidoszkópja, amelyek táncra perdülnek a szájban, és megidézik a napsütéses úti célok örömteli szellemét. A 100 aprólékosan összeállított recepttel ez a gyűjtemény útlevele az egzotikus gyümölcsök, az aromás fűszerek és a trópusi gasztronómiát meghatározó gazdag kulináris hagyományok gazdagságának megízleléséhez.

Csukja be a szemét, és képzeljen el egy pálmafákkal övezett strandokkal, azúrkék vizekkel és trópusi élvezetekkel teli, nyüzsgő piacterekkel díszített tájat. Most nyisd ki ezt a szakácskönyvet, és legyen útmutatód konyhájának trópusi paradicsommá alakításához.

"A trópusi konyha igazi ünnepe" több, mint egy kulináris utazás; ez a karibi térség, a csendes-óceáni szigetek és Délkelet-Ázsia kulináris hagyományai által szőtt élénk kárpit felfedezése.

A frissítő kókusz alapú koktél első kortyjától a zamatos trópusi gyümölcs desszert utolsó falatáig minden recept a trópusi konyhát meghatározó örömről, ünnepiségről és gazdagságról tanúskodik. Legyen szó egy nyüzsgő tengerparti összejövetelről, szeretteinek lakomáról, vagy egyszerűen csak a szigetek szellemiségével szeretné átitatni mindennapi étkezéseit, ezeket a recepteket úgy alakítottuk ki, hogy a trópusi ünneplést az asztalára hozzuk.

Csatlakozzon hozzánk, miközben a trópusi alapanyagok, az élénk fűszerek és az ünneplés művészetének buja világában ásunk el a kellemes ételeken keresztül. Az azúrkék égbolt és homokos partok hátterében elhelyezkedő "A trópusi konyha igazi ünnepe" meghívja Önt egy kulináris kalandra, amely megragadja a napsütötte partok esszenciáját, és a mindennapi étkezést ünnepi ünnepekké emeli.

Tehát terítse meg asztalát a türkizkék tengerre és a trópusi növényvilágra emlékeztető színekkel, gyűjtse össze a hozzávalókat, és kezdődjön az ünneplés, miközben belemerülünk a trópusi kulináris csodákba, amelyek e szakácskönyv lapjain várnak. Készüljön fel, hogy megízlelje a trópusi főzés örömét, ízeit és végső ünnepét!

TROPIKUS REGGELIEK

1. Trópusi omlett

ÖSSZETEVŐK:

- 3 tojás
- 2 evőkanál kókusztej
- ¼ csésze kockára vágott ananász
- ¼ csésze kockára vágott kaliforniai paprika
- ¼ csésze kockára vágott vöröshagyma
- ¼ csésze reszelt sajt (cheddar vagy mozzarella)
- 1 evőkanál apróra vágott friss koriander
- Só és bors ízlés szerint
- Főzéshez vaj vagy olaj

UTASÍTÁS:

a) Egy tálban keverjük össze a tojásokat, a kókusztejet, a sót és a borsot.

b) Melegíts fel egy tapadásmentes serpenyőt közepes lángon, és adj hozzá egy kevés vajat vagy olajat, hogy bevonja a felületet.

c) Öntsük a tojásos keveréket a serpenyőbe, és hagyjuk főni egy percig, amíg a szélei el nem kezdenek összeállni.

d) Az omlett felére szórjuk a felkockázott ananászt, a kaliforniai paprikát, a lilahagymát, a reszelt sajtot és az apróra vágott koriandert.

e) Spatula segítségével az omlett másik felét ráhajtjuk a töltelékre.

f) Főzzük még egy percig, vagy amíg a sajt elolvad, és az omlett megfő.

g) Csúsztassa az omlettet egy tányérra, és forrón tálalja.

h) Élvezze a finom omlett trópusi ízeit!

2.Ananász Chia puding

ÖSSZETEVŐK:
- 1 (13,5 uncia) doboz kókusztej
- 1 csésze 2%-os natúr görög joghurt
- ½ csésze chia mag
- 2 evőkanál méz
- 2 evőkanál cukor
- 1 teáskanál vanília kivonat
- Csipet kóser só
- 1 csésze kockára vágott mangó
- 1 csésze kockára vágott ananász
- 2 evőkanál kókuszreszelék

UTASÍTÁS:
a) Egy nagy tálban keverje össze a kókusztejet, a joghurtot, a chia magot, a mézet, a cukrot, a vaníliát és a sót, amíg jól össze nem áll.
b) Osszuk el egyenletesen a keveréket négy (16 uncia) befőttesüvegbe.
c) Fedjük le és tegyük hűtőbe egy éjszakára, vagy legfeljebb 5 napig.
d) Hidegen, mangóval és ananásszal megszórva, kókuszreszelékkel megszórva tálaljuk.

3.Trópusi francia pirítós

ÖSSZETEVŐK:

- 4 szelet kenyér
- 2 tojás
- ½ csésze kókusztej
- 1 teáskanál vanília kivonat
- 1 evőkanál méz vagy juharszirup
- Csipet só
- Szeletelt banán és mangó a feltéthez
- Juharszirup vagy méz a csepegtetéshez

UTASÍTÁS:

a) Egy sekély tálban keverjük össze a tojást, a kókusztejet, a vaníliakivonatot, a mézet vagy juharszirupot és a sót.
b) Mártson minden szelet kenyeret a tojásos keverékbe, és hagyja, hogy mindkét oldala néhány másodpercig ázzon.
c) Melegíts fel egy tapadásmentes serpenyőt vagy rácsot közepes lángon, és kenje meg enyhén vajjal vagy olajjal.
d) A beáztatott kenyérszeleteket mindkét oldalukon aranybarnára sütjük a serpenyőben.
e) Tegye át a francia pirítóst a tálaló tányérokra.
f) A tetejére szeletelt banánt és mangót teszünk.
g) Meglocsoljuk juharsziruppal vagy mézzel.
h) Élvezze a trópusi csavart a klasszikus francia pirítóssal!

4.Arany gofri trópusi gyümölcsökkel

ÖSSZETEVŐK:
DATULA VAJ
- 1 rúd sózatlan vaj, szobahőmérsékletű
- 1 csésze durvára vágott kimagozott datolya

WAFFLE
- 1 ½ csésze univerzális liszt
- 1 csésze durvára őrölt búzaliszt
- ¼ csésze kristálycukor
- 2 ½ teáskanál sütőpor
- ½ teáskanál szódabikarbóna
- ¾ teáskanál durva só
- 1 ¾ csésze teljes tej, szobahőmérsékletű
- ⅓ csésze tejföl, szobahőmérsékletű
- 1 rúd sótlan vaj, olvasztott
- 2 nagy tojás, szobahőmérsékletű
- 1 teáskanál tiszta vanília kivonat
- Növényi olajos főzőspray
- Szeletelt kivi és citrusfélék, apróra vágott pisztácia és tiszta juharszirup, tálaláshoz

UTASÍTÁS:
DÁTUM VAJ:
a) A vajat és a datolyát aprítógépben pucoljuk, néhányszor kaparjuk le az oldalát, amíg sima és összekeverjük. A datolyás vajat akár egy héttel előre is elkészíthetjük, és hűtőszekrényben tárolhatjuk; használat előtt melegítsük szobahőmérsékletre.

WAFFLI:
b) Egy nagy tálban habosra keverjük a lisztet, a cukrot, a sütőport, a szódabikarbónát és a sót. Egy külön tálban keverjük össze a tejet, a tejfölt, a vajat, a tojást és a vaníliát.

c) A tejes keveréket a lisztes keverékhez keverjük, hogy összeálljon.

d) A gofrisütőt előmelegítjük. Kenjük be vékony réteg főzőpermettel. Öntsön gofrinként 1 ¼ csésze tésztát a vasaló közepébe, hagyja, hogy majdnem a szélekig szétterüljön.

e) Zárja le a fedőt, és süsse aranybarnára és ropogósra 6-7 percig.

f) Vegyük le a vasról, és gyorsan többször is megdobjuk a kezei között, hogy gőzt szabadítson fel, és segítsen megőrizni a ropogósságot, majd helyezze át egy peremes tepsibe állított rácsra; 225 fokos sütőben tálalásig melegen tartjuk.

g) Ismételje meg a vasaló bevonását további főzőpermettel az adagok között.

Tálaljuk datolyavajjal, gyümölccsel, pisztáciával és sziruppal.

5.Trópusi gyümölcs Crêpe s

ÖSSZETEVŐK:
- 4 uncia Sima liszt, szitált
- 1 csipet só
- 1 teáskanál porcukor
- 1 tojás, plusz egy sárgája
- ½ pint tej
- 2 evőkanál olvasztott vaj
- 4 uncia cukor
- 2 evőkanál brandy vagy rum
- 2½ csésze trópusi gyümölcs keverék

UTASÍTÁS:
a) A Crêpe tésztához tegyük egy tálba a lisztet, a sót és a porcukrot, és keverjük össze.
b) Fokozatosan keverjük hozzá a tojást, a tejet és a vajat. Hagyja állni legalább 2 órát.
c) Melegíts fel egy enyhén kivajazott serpenyőt, keverd össze a tésztát, és készíts belőle 8 palacsintát. Tartsd melegen.
d) A töltelék elkészítéséhez a trópusi gyümölcskeveréket a cukorral egy serpenyőbe tesszük, és óvatosan melegítjük, amíg a cukor fel nem oldódik.
e) Felforraljuk és addig melegítjük, amíg a cukor karamellizálódik. Adjuk hozzá a pálinkát.
f) Töltsön meg minden palacsintát gyümölccsel, és azonnal tálalja tejszínnel vagy creme fraiche-val.

6.Trópusi kókuszpuding

ÖSSZETEVŐK:

- ¾ csésze régimódi gluténmentes zab
- ½ csésze cukrozatlan kókuszreszelék
- 2 csésze víz
- 1¼ csésze kókusztej
- ½ teáskanál őrölt fahéj
- 1 banán, szeletelve

UTASÍTÁS:

a) Egy tálban keverjük össze a zabot, a kókuszt és a vizet. Fedjük le és hűtsük le egy éjszakán át.
b) Tegye át a keveréket egy kis serpenyőbe.
c) Adjuk hozzá a tejet és a fahéjat, és pároljuk körülbelül 12 percig közepes lángon.
d) Vegyük le a tűzről, és hagyjuk állni 5 percig.
e) Osszuk 2 tálba, és tegyük rá a banánszeleteket.

7.Trópusi palacsinta

ÖSSZETEVŐK:

- 1¾ csésze régimódi hengerelt zab
- 1½ teáskanál sütőpor
- 1 teáskanál szódabikarbóna
- ½ teáskanál fahéj
- ¼ teáskanál só
- 1 közepes érett banán, pépesítve
- 2 evőkanál kókuszolaj, olvasztott
- 1 evőkanál juharszirup
- 1 nagy tojás
- 1 teáskanál vanília kivonat
- ¾ csésze 2%-os zsírszegény tej
- ½ csésze konzerv teljes zsírtartalmú kókusztej
- ½ csésze finomra vágott ananász
- ½ csésze finomra vágott mangó

UTASÍTÁS:

a) Az ananász és a mangó kivételével az összes hozzávalót turmixgépbe tesszük.
b) Forraljuk a keveréket a turmixgépben, amíg sima folyadékot nem kapunk.
c) A palacsintatésztát egy nagy tálba öntjük.
d) Keverje hozzá az ananászt és a mangót.
e) Hagyja a tésztát 5-10 percig pihenni. Ez lehetővé teszi, hogy az összes összetevő összeérjen, és a tészta jobb konzisztenciát biztosít.
f) Permetezzen be egy tapadásmentes serpenyőt vagy rácsot bőségesen növényi olajjal, és melegítse közepes-alacsony lángon.
g) Ha a serpenyő felforrósodott, egy ¼ csésze mérőedény segítségével adjuk hozzá a tésztát, és öntsük a serpenyőbe a palacsinta elkészítéséhez. Használja a mérőpoharat a palacsinta formázásához.
h) Addig főzzük, amíg az oldala megszilárdult, és buborékok keletkeznek a közepén (kb. 2-3 perc), majd fordítsuk meg a palacsintát.
i) Ha a palacsinta ezen az oldalon megsült, levesszük a tűzről és tányérra tesszük.

8. Trópusi joghurtos tál

ÖSSZETEVŐK:

- Ananász darabokra, szeletelve
- Kiwi, szeletelve
- Mangó szelet
- ½ csésze görög joghurt
- Kókusz chips
- apróra vágott mogyoró

UTASÍTÁS:

a) Egy tálba kanalazzuk a görög joghurtot, és megkenjük gyümölccsel és egyéb feltétekkel.

9.Trópusi gyümölcs turmix tál

ÖSSZETEVŐK:

- 1 érett banán
- 1 csésze fagyasztott mangódarabok
- 1 csésze fagyasztott ananászdarabok
- ½ csésze kókusztej
- Öntetek: szeletelt kivi, kókuszreszelék, granola, chia mag

UTASÍTÁS:

a) Turmixgépben keverje össze a banánt, a mangódarabokat, az ananászdarabokat és a kókusztejet.
b) Keverjük simára és krémesre.
c) Öntsük a turmixot egy tálba.
d) A tetejére szeletelt kivi, kókuszreszelék, granola és chia mag.
e) Élvezze a frissítő trópusi gyümölcsös smoothie tálat!

10.Mangós kókuszos palacsinta

ÖSSZETEVŐK:

- 1 csésze univerzális liszt
- 1 evőkanál cukor
- 1 teáskanál sütőpor
- ½ teáskanál szódabikarbóna
- ¼ teáskanál só
- 1 csésze kókusztej
- ½ csésze mangópüré
- 1 tojás
- 2 evőkanál olvasztott vaj
- Szeletelt mangó öntethez

UTASÍTÁS:

a) Egy tálban habosra keverjük a lisztet, a cukrot, a sütőport, a szódabikarbónát és a sót.
b) Egy másik tálban keverjük össze a kókusztejet, a mangópürét, a tojást és az olvasztott vajat.
c) A nedves hozzávalókat a száraz hozzávalókhoz öntjük, és addig keverjük, amíg össze nem áll.
d) Melegíts fel egy tapadásmentes serpenyőt vagy rácsot közepes lángon, és kenje meg enyhén vajjal vagy olajjal.
e) Minden palacsintához öntsön ¼ csésze tésztát a serpenyőbe.
f) Addig sütjük, amíg buborékok keletkeznek a felületen, majd megfordítjuk, és a másik oldalát is aranybarnára sütjük.
g) A mangós kókuszos palacsintát szeletelt mangóval a tetejére tálaljuk.
h) Élvezze e puha palacsinták trópusi ízeit!

11. Trópusi Acai Bowl

ÖSSZETEVŐK:

- 2 fagyasztott acai csomag
- 1 érett banán
- ½ csésze fagyasztott vegyes bogyós gyümölcsök
- ½ csésze kókuszvíz vagy mandulatej
- Öntetek: szeletelt banán, kivi, bogyók, granola, kókuszreszelék

UTASÍTÁS:

a) Turmixgépben turmixold simára és sűrűre a fagyasztott acai csomagokat, az érett banánt, a fagyasztott vegyes bogyókat és a kókuszvizet vagy a mandulatejet.

b) Öntse az acai keveréket egy tálba.

c) A tetejére szeletelt banánt, kivit, bogyókat, granolát és kókuszreszeléket teszünk.

d) A feltéteket tetszés szerint elrendezzük az acai keverék tetején.

e) Azonnal tálald, és élvezd a frissítő és tápláló trópusi acai tálat!

12. Kókuszos Mangó Quinoa Reggeli Tál

ÖSSZETEVŐK:

- ½ csésze főtt quinoa
- ¼ csésze kókusztej
- 1 érett mangó kockára vágva
- 2 evőkanál kókuszreszelék
- 1 evőkanál méz vagy juharszirup
- Választható feltétek: szeletelt mandula, chia mag

UTASÍTÁS:

a) Egy tálban keverjük össze a főtt quinoát, a kókusztejet, a kockára vágott mangót, a kókuszreszeléket és a mézet vagy juharszirupot.

b) Jól keverjük össze, hogy az összes hozzávaló összekeveredjen.

c) Ha szükséges, adjon hozzá további feltéteket, például szeletelt mandulát és chia magot.

d) Élvezze ennek a tápláló kókuszos mangós quinoás reggelizőtálnak a trópusi ízeit!

13.Papaya Lime reggeli parfé

ÖSSZETEVŐK:

- 1 érett papaya kockára vágva
- 1 lime leve
- 1 csésze görög joghurt
- ¼ csésze granola
- 2 evőkanál méz vagy juharszirup
- Friss mentalevél díszítéshez

UTASÍTÁS:

a) Egy tálban keverjük össze a kockára vágott papayát és a lime levét. Óvatosan átforgatjuk, hogy a papaya lime levével bevonja.

b) A tálaló poharakba vagy tálakba rétegezzük a papaya keveréket, a görög joghurtot és a granolát.

c) A tetejére csorgassunk mézet vagy juharszirupot.

d) Díszítsük friss menta levelekkel.

e) Élvezze a frissítő és csípős papaya lime reggeli parfét!

14.Trópusi reggeli Burrito

ÖSSZETEVŐK:

- 2 nagy tortilla
- 4 tojás, rántotta
- ½ csésze kockára vágott ananász
- ½ csésze kockára vágott kaliforniai paprika
- ¼ csésze kockára vágott vöröshagyma
- ¼ csésze reszelt sajt (cheddar vagy mozzarella)
- Friss koriander díszítéshez
- Só és bors ízlés szerint
- Salsa vagy csípős szósz a tálaláshoz (opcionális)

UTASÍTÁS:

a) Egy serpenyőben készre főzzük a rántottát. Sózzuk, borsozzuk.
b) Melegítse fel a tortillákat külön serpenyőben vagy mikrohullámú sütőben.
c) A rántottát, a felkockázott ananászt, a kockára vágott kaliforniai paprikát, a felkockázott lilahagymát és a reszelt sajtot elosztjuk a tortillák között.
d) Hajtsa be a tortillák oldalát, és tekerje fel burritókká.
e) Opcionális: enyhén pirítsa meg a burritókat egy serpenyőben, hogy ropogós legyen.
f) Díszítsük friss korianderrel.
g) Kívánság szerint salsával vagy forró szósszal tálaljuk.
h) Élvezze a trópusi csavart egy klasszikus reggeli burritón!

15.Kókuszos banán kenyér

ÖSSZETEVŐK:

- 2 érett banán, pépesítve
- ½ csésze kókusztej
- ¼ csésze olvasztott kókuszolaj
- ¼ csésze méz vagy juharszirup
- 1 teáskanál vanília kivonat
- 1 ¾ csésze univerzális liszt
- 1 teáskanál sütőpor
- ½ teáskanál szódabikarbóna
- ¼ teáskanál só
- ¼ csésze kókuszreszelék
- Opcionális: ½ csésze apróra vágott trópusi dió

UTASÍTÁS:

a) Melegítsd elő a sütőt 175°C-ra (350°F), és kivajazd a tepsit.
b) Egy nagy tálban keverjük össze a pépesített banánt, a kókusztejet, az olvasztott kókuszolajat, a mézet vagy juharszirupot és a vaníliakivonatot. Jól összekeverni.
c) Egy külön tálban keverjük össze a lisztet, a sütőport, a szódabikarbónát és a sót.
d) Fokozatosan adjuk hozzá a száraz hozzávalókat a nedves hozzávalókhoz, addig keverjük, amíg össze nem áll.
e) Belekeverjük a kókuszreszeléket és az apróra vágott diót (ha használunk).
f) A masszát az előkészített tepsibe öntjük, és egyenletesen elosztjuk.
g) 45-55 percig sütjük, vagy amíg a közepébe szúrt fogpiszkáló tisztán ki nem jön.
h) Vegyük ki a sütőből, és hagyjuk hűlni a kókuszos banánkenyeret a serpenyőben néhány percig.
i) Tegye át a kenyeret egy rácsra, hogy teljesen kihűljön.
j) Szeletelje fel és tálalja a finom trópusi kókuszos banánkenyeret.

16. Trópusi reggeli tacos

ÖSSZETEVŐK:

- 4 kis kukorica tortilla
- 4 tojás, rántotta
- ½ csésze kockára vágott ananász
- ¼ csésze kockára vágott piros kaliforniai paprika
- ¼ csésze kockára vágott vöröshagyma
- ¼ csésze apróra vágott friss koriander
- 1 lime leve
- Só és bors ízlés szerint
- Választható feltétek: szeletelt avokádó, salsa, csípős szósz

UTASÍTÁS:

a) Egy tálban keverjük össze a felkockázott ananászt, a piros kaliforniai paprikát, a lilahagymát, a koriandert, a lime levét, a sót és a borsot. Jól összekeverni.
b) Melegítse fel a kukorica tortillákat serpenyőben vagy mikrohullámú sütőben.
c) Töltsük meg minden tortillát rántottával, és tegyük meg a trópusi ananászsalsával.
d) Adjon hozzá opcionális feltéteket, például szeletelt avokádót, salsát vagy csípős szószt.
e) Tálalja a finom trópusi reggeli tacókat.

17. Trópusi avokádó pirítós

ÖSSZETEVŐK:

- 2 szelet teljes kiőrlésű kenyér, pirítva
- 1 érett avokádó, meghámozva és kimagozva
- ½ lime leve
- ¼ csésze kockára vágott ananász
- ¼ csésze kockára vágott mangó
- 1 evőkanál apróra vágott friss koriander
- Só és bors ízlés szerint
- Választható feltétek: szeletelt retek, mikrozöldek vagy feta sajt

UTASÍTÁS:

a) Egy tálban villával pépesítsd az érett avokádót.
b) Adjuk hozzá a lime levét, a kockára vágott ananászt, a kockára vágott mangót, az apróra vágott koriandert, sózzuk és borsozzuk.
c) Jól keverjük össze, amíg az összes összetevő össze nem keveredik.
d) Az avokádó keveréket egyenletesen eloszlatjuk a pirított kenyérszeleteken.
e) Tetejét tetszés szerint tetszőleges feltétekkel, például szeletelt retekkel, mikrozöldekkel vagy morzsolt feta sajttal tehetjük meg.
f) Tálalja a trópusi avokádó pirítóst finom és kielégítő snackként vagy könnyű ételként.
g) Élvezze a krémes avokádót az édes és csípős trópusi gyümölcsökkel párosítva!

TRÓPUS NAGYON

18. Trópusi snack mix

ÖSSZETEVŐK:
- 6 csésze pattogatott kukorica
- 1 csésze szárított ananász
- 1 csésze pörkölt makadámdió
- 1 csésze banán chips
- ½ csésze pirított kókuszreszelék

UTASÍTÁS
a) Egy nagy tálban keverje össze az összes hozzávalót, amíg jól össze nem keveredik.
b) Azonnal tálaljuk vagy légmentesen záródó edényben tároljuk.

19.Trópusi koktél ceviche

ÖSSZETEVŐK:
- ¾ font Snapper
- 1 font Fésűkagyló; negyedelve
- 1 kis vöröshagyma; félbevágva, vékonyra szeletelve
- ¼ csésze koriander; durvára vágva
- 2 csésze mangó; felkockázva
- 1½ csésze ananász; felkockázva
- Pác
- 1 csésze limelé; frissen facsart
- 1 evőkanál lime héja; lereszelve
- 1 csésze rizsecet
- ¼ csésze cukor
- 1½ teáskanál pirospaprika pehely; megkóstolni
- 1½ teáskanál Só
- 2 teáskanál koriandermag; összetörve

UTASÍTÁS:
a) Keverje össze a pác hozzávalóit egy nagy üveg vagy rozsdamentes acél keverőtálban. Keverjük össze és tegyük félre.

b) Öblítse le a halat és a kagylót hideg vízben, majd törölje szárazra papírtörlővel. Adjuk hozzá a kagylót a páchoz, és tegyük hűtőbe. A halat ½ hüvelykes darabokra vágjuk, és a hagymával együtt a páchoz adjuk.

c) Óvatosan keverjük meg, fedjük le, és tálalás előtt legalább 4 órára hűtőbe tesszük.

d) Időnként megkeverjük, hogy a pác egyenletesen behatoljon a tenger gyümölcseibe. A ceviche legfeljebb 2 nappal korábban elkészíthető. Körülbelül 30 perccel a tálalás előtt keverje hozzá a koriandert és a gyümölcsöket, és tegye vissza az edényt a hűtőszekrénybe, amíg készen áll a tálalásra.

e) Tálaljuk kis hűtött tálkákban vagy tányérokban, vagy az ünnepibb megjelenés érdekében poharakban vagy koktélpoharakban.

20. Trópusi citrom fehérjefalatok

ÖSSZETEVŐK:

- 1¾ csésze kesudió
- ¼ csésze kókuszliszt
- ¼ csésze cukrozatlan kókuszreszelék
- 3 evőkanál nyers héjas kendermag
- 3 evőkanál juharszirup
- 3 evőkanál friss citromlé

UTASÍTÁS:

a) A kesudiót konyhai robotgépbe tesszük, és nagyon finomra dolgozzuk.
b) Hozzáadjuk a többi hozzávalót, és jól összedolgozzuk.
c) Öntse a keveréket egy nagy tálba.
d) Vegyünk egy csomót a tésztából, és nyomjuk golyóvá.
e) Addig nyomkodjuk és dolgozzuk meg néhányszor, amíg golyót nem kapunk és szilárd leszünk.

21. Trópusi diós pizza

ÖSSZETEVŐK:

- 1 kész pizzatészta
- 1 evőkanál olívaolaj
- 13,5 uncia gyümölcsízű krémsajt tartály
- 26 unciás üveg mangószelet, lecsepegtetve és apróra vágva
- ½ C. darált dió

UTASÍTÁS:

a) Süsd meg a pizzatésztát a sütőben a csomagoláson található utasítások szerint.
b) A héjat egyenletesen kenjük be olajjal.
c) A krémsajtot megkenjük a héjon, majd rászórjuk az apróra vágott mangót és a diót.
d) Tetszőleges szeletekre vágjuk és tálaljuk.

22.Ananász kókuszos energiagolyók

ÖSSZETEVŐK:

- 1 csésze datolya, kimagozva
- 1 csésze szárított ananász
- ½ csésze kókuszreszelék
- ¼ csésze mandulaliszt vagy őrölt mandula
- ¼ csésze chia mag
- 1 evőkanál kókuszolaj, olvasztott
- 1 teáskanál vanília kivonat

UTASÍTÁS:

a) Aprítógépben turmixoljuk össze a datolyát és a szárított ananászt, amíg ragacsos pasztát nem kapnak.

b) Adja hozzá a kókuszreszeléket, a mandulalisztet, a chia magot, az olvasztott kókuszolajat és a vaníliakivonatot a robotgépbe.

c) Pörgessük addig, amíg az összes összetevő jól össze nem keveredik, és tésztaszerű állagot nem kapunk.

d) Forgassa a keveréket kis golyókká.

e) Opcionális: Forgassa meg a golyókat további kókuszreszelékben a bevonáshoz.

f) Helyezze az energiagolyókat egy légmentesen záródó edénybe, és tálalás előtt legalább 30 percig hűtse.

g) Élvezze ezeket az ízletes és energizáló ananász kókuszos energiagolyókat!

23.Trópusi gyümölcsök kabobok

ÖSSZETEVŐK:

- Válogatott trópusi gyümölcsök (ananász, mangó, kivi, banán, papaya stb.), falatnyi darabokra vágva
- Fa nyársak

UTASÍTÁS:

a) Fűzze fel a válogatott trópusi gyümölcsöket a fa nyársra tetszőleges mintázatban.
b) Ismételje meg a többi gyümölccsel és nyárssal.
c) A trópusi gyümölcsök kabobot tálaljuk úgy, ahogy vannak, vagy joghurttal vagy mézzel mártogatni.
d) Élvezze ezeket a színes és tápláló gyümölcsnyársakat!

24.Kókuszos lime pattogatott kukorica

ÖSSZETEVŐK:
- ½ csésze pattogatott kukorica mag
- 2 evőkanál kókuszolaj
- 1 lime héja és leve
- 2 evőkanál kókuszreszelék
- Só ízlés szerint

UTASÍTÁS:
a) Melegítsük fel a kókuszolajat egy nagy lábosban közepes lángon.
b) Adjuk hozzá a pattogatott kukoricaszemeket, és fedjük le az edényt.
c) Időnként rázza meg az edényt, hogy ne égjen le.
d) Ha a pattogás lelassul, vegyük le az edényt a tűzről, és hagyjuk állni egy percig, hogy az összes mag kipattogjon.
e) Egy kis tálban keverjük össze a lime héját, a lime levét, a kókuszreszeléket és a sót.
f) Csorgassuk a lime kókuszos keveréket a frissen pattogatott kukoricára, és dobjuk fel, hogy egyenletesen bevonják.
g) Élvezze a zamatos és trópusi kókuszlime pattogatott kukoricát könnyű és ízletes snackként!

25.Kókuszlime Guacamole

ÖSSZETEVŐK:

- 2 érett avokádó
- 1 lime leve
- 1 lime héja
- 2 evőkanál apróra vágott friss koriander
- 2 evőkanál kockára vágott vöröshagyma
- 2 evőkanál kókuszreszelék
- Só és bors ízlés szerint

UTASÍTÁS:

a) Egy tálban az érett avokádót villával krémesre törjük.
b) Hozzáadjuk a lime levét, a lime héját, az apróra vágott koriandert, a felkockázott lilahagymát, a kókuszreszeléket, sózzuk és borsozzuk.
c) Jól keverjük össze, hogy az összes hozzávaló összekeveredjen.
d) Kóstoljuk meg és ízlés szerint módosítsuk a fűszerezést.
e) Tálald a kókuszlime guacamole-t tortilla chipsekkel, vagy használd finom feltétként tacokhoz, szendvicsekhez vagy salátákhoz.
f) Élvezze ennek a trópusi csavarnak a krémes és csípős ízeit a guacamolén!

26.Kókuszos garnélarák

ÖSSZETEVŐK:
- 1 font garnélarák, meghámozva és kivágva
- ½ csésze univerzális liszt
- ½ csésze kókuszreszelék
- 2 tojás, felvert
- Só és bors ízlés szerint
- Étolaj a sütéshez

UTASÍTÁS:
a) Egy sekély tálban keverje össze az univerzális lisztet, a kókuszreszeléket, a sót és a borsot.

b) Minden garnélarákot mártsunk a felvert tojásba, hagyjuk a felesleget lecsepegni, majd vonjuk be a kókuszos keverékkel.

c) Melegítsünk étolajat egy mély serpenyőben vagy edényben közepes-magas lángon.

d) A kókuszbevonatú garnélarákot adagonként süssük aranybarnára és ropogósra, oldalanként körülbelül 2-3 percig.

e) A garnélarákot kivesszük az olajból, és papírtörlőn lecsepegtetjük.

f) A kókuszos garnélarákot finom trópusi előételként vagy harapnivalóként tálald tetszés szerinti mártogatós szósszal, például édes chili szósszal vagy mangó salsával.

g) Élvezze a ropogós és ízes kókuszos garnélarákot!

27. Trópusi Granola bárok

ÖSSZETEVŐK:
- 1 ½ csésze hengerelt zab
- ½ csésze kókuszreszelék
- ¼ csésze apróra vágott szárított ananász
- ¼ csésze apróra vágott szárított mangó
- ¼ csésze apróra vágott szárított papaya
- ¼ csésze apróra vágott dió (pl. mandula, kesudió, makadámdió)
- ¼ csésze méz vagy juharszirup
- ¼ csésze dióvaj (pl. mandulavaj, mogyoróvaj)
- 1 teáskanál vanília kivonat
- Csipet só

UTASÍTÁS:
a) Melegítsd elő a sütőt 175°C-ra, és bélelj ki egy tepsit sütőpapírral.
b) Egy nagy tálban keverje össze a hengerelt zabot, a kókuszreszeléket, az apróra vágott szárított ananászt, az apróra vágott szárított mangót, az apróra vágott szárított papayát és az apróra vágott diót.
c) Egy kis serpenyőben a mézet vagy juharszirupot, a dióvajat, a vaníliakivonatot és a sót lassú tűzön felforrósítjuk, amíg elolvad és jól össze nem keveredik.
d) Öntsük a mézes vagy juharszirupos keveréket a száraz hozzávalókhoz, és addig keverjük, amíg minden egyenletesen bevonat nem lesz.
e) Öntse a keveréket az előkészített tepsibe, és erősen nyomja le.
f) 15-20 percig sütjük, vagy amíg a szélei aranybarnák nem lesznek.
g) Vegyük ki a sütőből, és hagyjuk teljesen kihűlni az edényben.
h) Ha kihűlt, szeletekre vagy négyzetekre vágjuk.
i) Tárolja a trópusi granolaszeleteket légmentesen záródó edényben, hogy útközben nassolhasson.
j) Élvezze ezeket a házi készítésű és tápláló granolaszeleteket, tele trópusi ízekkel!

28.Tropical Mango Salsa Roll-Upok

ÖSSZETEVŐK:
- 4 nagy lisztes tortilla
- 1 csésze krémsajt
- 1 csésze mangó salsa
- ½ csésze aprított saláta vagy spenótlevél

UTASÍTÁS:
a) Helyezze a lisztes tortillákat egy tiszta felületre.
b) Minden tortillára egyenletesen terítsen egy réteg krémsajtot.
c) Rákanalazzuk a mangósalsát a krémsajtos rétegre, szétterítjük, hogy ellepje a tortillát.
d) A salsa tetejére szórjunk felaprított salátát vagy spenótleveleket.
e) Minden tortillát szorosan feltekerünk, az egyik végétől kezdve.
f) Szeletelj fel minden tekert tortillát falatnyi keréktárcsára.
g) Tálalja a trópusi mangó salsa roll-upokat ízletes és frissítő snackként vagy előételként.
h) Élvezze a krémes, csípős és trópusi ízek kombinációját!

29.Grillezett ananász nyárs

ÖSSZETEVŐK:
- 1 ananász meghámozva, kimagozva és kockákra vágva
- 2 evőkanál méz vagy juharszirup
- 1 teáskanál őrölt fahéj
- Fából készült nyárs, 30 percig vízben áztatva

UTASÍTÁS:
a) Melegítsen elő egy grillezőt vagy grillserpenyőt közepes lángon.
b) Egy kis tálban keverjük össze a mézet vagy juharszirupot és az őrölt fahéjat.
c) Az ananászdarabokat a fa nyársra fűzzük.
d) Kenje meg az ananászt mézzel vagy juharszirupal, minden oldalát bevonva.
e) Helyezze az ananász nyársakat az előmelegített grillre, és süsse oldalanként körülbelül 2-3 percig, vagy amíg a grillnyomok megjelennek, és az ananász enyhén karamellizálódik.
f) Vegyük le a grillről, és hagyjuk hűlni néhány percig.
g) A grillezett ananász nyársat édes és trópusi snackként vagy desszertként tálaljuk.
h) Élvezze a grillezett ananász füstös és karamellizált ízeit!

30.Kókuszos banánfalatok

ÖSSZETEVŐK:
- 2 banán, meghámozva és falatnyi darabokra vágva
- ¼ csésze olvasztott étcsokoládé
- ¼ csésze kókuszreszelék

UTASÍTÁS:
a) Egy tepsit kibélelünk sütőpapírral.
b) Minden banándarabot mártsunk bele az olvasztott étcsokoládéba, körülbelül félig bevonjuk.
c) Forgassa meg a csokoládéval bevont banánt kókuszreszelékben, amíg egyenletes bevonat nem lesz.
d) Helyezze a bevont banánfalatokat az előkészített tepsire.
e) Ismételje meg a többi banándarabbal.
f) Hűtőbe tesszük legalább 30 percre, vagy amíg a csokoládé megkeményedik.
g) Tálalja a kókuszos banánfalatokat kellemes trópusi harapnivalóként vagy desszertként.
h) Élvezze a krémes banán, a gazdag csokoládé és a kókusz kombinációját!

31.Trópusi joghurtos mártogatós

ÖSSZETEVŐK:

- 1 csésze görög joghurt
- ½ csésze kockára vágott ananász
- ½ csésze kockára vágott mangó
- ¼ csésze apróra vágott piros kaliforniai paprika
- ¼ csésze apróra vágott vöröshagyma
- ¼ csésze apróra vágott friss koriander
- 1 evőkanál limelé
- ½ teáskanál fokhagymapor
- Só és bors ízlés szerint

UTASÍTÁS:

a) Egy tálban keverjük össze a görög joghurtot, a kockára vágott ananászt, a kockára vágott mangót, az apróra vágott piros kaliforniai paprikát, az apróra vágott lilahagymát, az apróra vágott koriandert, a lime levét, a fokhagymaport, a sót és a borsot.

b) Jól keverjük össze, amíg az összes összetevő alaposan össze nem keveredik.

c) Kóstolja meg, és ha szükséges, módosítsa a fűszerezést.

d) A trópusi mártogatóst tortilla chipsekkel, pita kenyérrel vagy zöldségrudakkal tálaljuk.

e) Élvezze ezt a krémes és ízes mártogatós trópusi csavart!

32.Trópusi gyümölcssaláta

ÖSSZETEVŐK:

- 2 csésze kockára vágott ananász
- 1 csésze kockára vágott mangó
- 1 csésze kockára vágott papaya
- 1 csésze szeletelt kivi
- 1 csésze szeletelt eper
- 1 evőkanál friss limelé
- 1 evőkanál méz vagy juharszirup
- Választható feltét: kókuszreszelék vagy apróra vágott friss menta

UTASÍTÁS:

a) Egy nagy tálban keverjük össze a kockára vágott ananászt, a kockára vágott mangót, a kockára vágott papayát, a szeletelt kivit és a szeletelt epret.

b) Egy kis tálban keverjük össze a lime levét és a mézet vagy juharszirupot.

c) Öntsük a lime öntetet a gyümölcssalátára, és óvatosan forgassuk bevonni.

d) Opcionális: Szórjon a tetejére kókuszreszeléket vagy apróra vágott friss mentát, hogy még ízesebbé és díszítse.

e) Tálaljuk a trópusi gyümölcssalátát hűtve frissítő és egészséges snackként.

f) Élvezze ennek a trópusi keveréknek az élénk és lédús ízeit!

g) Ez a 20 trópusi harapnivaló receptje számos ízletes és ízletes lehetőséget kínál Önnek. Akár édes, sós, krémes vagy ropogósra vágyik, ezek a receptek biztosan kielégítik trópusi vágyait. Élvezd!

TROPIKUS FŐVEZETÉKEK

33.Krémes trópusi gyümölcssaláta

ÖSSZETEVŐK:
- 15,25 uncia konzerv trópusi gyümölcssaláta, lecsepegtetve
- 1 banán, szeletelve
- 1 csésze Fagyasztott felvert öntet, felengedve

UTASÍTÁS:
a) Egy közepes tálban keverje össze az összes hozzávalót.
b) Óvatosan keverje meg, hogy bevonja.

34.Trópusi ananász csirke

ÖSSZETEVŐK:
- 1 kaliforniai paprika
- 1 kis vöröshagyma
- 1 font (450 g) csont nélküli, bőr nélküli csirkemell filé
- 2 csésze cukorborsó
- 1 doboz (14 oz/398 ml) ananászdarabkák lében
- 2 evőkanál olvasztott kókuszolaj
- 1 db trópusi ananászos csirke fűszerezés
- friss lime lé

UTASÍTÁS :

a) Melegítse elő a sütőt 425 ° F-ra. Line Sheet Pan Sheet Pan Linerrel.

b) A paprikát és a hagymát felszeleteljük. Egy nagy tálban keverje össze a borsot, a hagymát, a csirkét, a borsót, az ananászdarabokat (beleértve a levet is), a kókuszolajat és a fűszereket. Dobd, amíg jó bevonat nem lesz.

c) Egy rétegben elrendezzük a serpenyőben, amennyire csak tudjuk. Süssük 16 percig, vagy amíg a csirke megpuhul.

d) Kívánság szerint egy csipetnyi friss lime-mal fejezzük be.

35. Kóstolja meg a trópusi garnélarákot

ÖSSZETEVŐK:

- 1 lime, félbe vágva
- 1 db trópusi ananászos csirke fűszerezés
- 1 evőkanál olvasztott kókuszolaj
- 1 evőkanál méz
- 2 kaliforniai paprika, kockákra vágva
- 1 kis cukkini ½ hüvelykes körökre szeletelve
- 2 csésze fagyasztott mangódarabok
- 1 kg fagyasztott nyers, hámozott garnélarák, kiolvasztva

UTASÍTÁS :

a) Melegítse elő a sütőt 425 ° F-ra. Line Sheet Pan Sheet Pan Linerrel.

b) Egy 2 az 1-ben citrusprés segítségével nyomja ki a lime levét egy nagy tálba.

c) Adjunk hozzá fűszereket, olajat és mézet. Keverjük össze.

d) Helyezze a paprikát, a cukkinit és a mangót egy serpenyőbe.

e) Öntsük a szósz felét a tetejére.

f) Csipesz segítségével feldobjuk, hogy bevonjuk.

g) Sütőbe tesszük és 10 percig sütjük.

h) Eközben adjunk hozzá garnélarákot a tálba a maradék szósszal; kabátba dobni.

i) Vegye ki a serpenyőt a sütőből; a lehető legjobban egy rétegben adjunk hozzá garnélarákot.

j) 3-4 percig sütjük, vagy amíg a garnélarák meg nem fő.

36.Karib-tengeri grillezett sertéshús trópusi salsával

ÖSSZETEVŐK:

SALSA:
- 1 kis ananász, meghámozva, kimagozva és felkockázva
- 1 közepes narancs, meghámozva és felkockázva
- 2 evőkanál friss koriander, darálva
- Egy fél friss lime levét

SERTÉSHÚS:
- ½ evőkanál barna cukor
- 2 teáskanál darált fokhagyma
- 2 teáskanál darált gyömbér
- 2 teáskanál őrölt kömény
- 2 teáskanál őrölt koriander
- ½ teáskanál kurkuma
- 2 evőkanál repceolaj
- 6 karaj sertéskaraj

UTASÍTÁS:

a) Készítsen salsát az ananász, a narancs, a koriander és a citromlé egy tálban történő összekeverésével. Félretesz, mellőz. Legfeljebb 2 nappal előre elkészíthető és hűtőben tárolható.

b) Egy kis tálban keverje össze a barna cukrot, a fokhagymát, a gyömbért, a köményt, a koriandert és a kurkumát.

c) Kenje meg a sertésszelet mindkét oldalát repceolajjal, és kenje be mindkét oldalát.

d) Melegítsük elő a grillt közepesen magasra. Helyezze a sertésszeleteket a grillre oldalanként körülbelül 5 percre, vagy amíg meg nem sül 160 °F belső hőmérsékletre.

e) Minden szeletet ⅓ csésze salsával tálalunk.

37.Homár farok grillezett trópusi gyümölccsel

ÖSSZETEVŐK:
- 4 db bambusz vagy fém nyárs
- ¾ arany ananász, meghámozva, kimagozva és 1 hüvelykes szeletekre vágva
- 2 banán, meghámozva és keresztben nyolc 1 hüvelykes darabra vágva
- 1 mangó meghámozva, kimagozva és 1 hüvelykes kockákra vágva
- 4 sziklahomár vagy nagy Maine-i homárfarok
- ¾ csésze Sweet Soy Glaze
- 1 csésze vaj, olvasztott
- 4 lime ék

UTASÍTÁS:
a) Ha bambusznyárssal grillezünk, áztassuk őket vízbe legalább 30 percre. Gyújtson be egy grillsütőt a közvetlen mérsékelt hő érdekében, körülbelül 350 ¼F.

b) felváltva a nyársra húzzuk, mindegyik gyümölcsből körülbelül 2 darabot használva nyársanként.

c) Pillangózza meg a homár farkát úgy, hogy mindegyik farkát hosszában kettévágja a lekerekített felső héjon és a húson, a lapos alsó héjat érintetlenül hagyva. Ha a héj nagyon kemény, konyhai ollóval vágja át a lekerekített héjat, és egy késsel vágja át a húst.

d) Óvatosan nyissa ki a farkát, hogy felfedje a húst.

e) Enyhén kenje meg a szójamázzal a gyümölcsnyársakat és a homárhúst. Kenje meg a grillrácsot és kenje be olajjal. Helyezze a homár farkát, húsával lefelé, közvetlenül a tűz fölé, és grillezze fel, amíg szép grilljelzés nem lesz, 3-4 percig. Spatulával vagy fogóval nyomja rá a farokat a grillrácsra, hogy segítsen megpirítani a húst. Fordítsa meg és grillezze fel, amíg a hús már csak szilárd és fehér lesz, szója mázzal megkenve, még 5-7 percig.

f) Ezalatt grillezzük a gyümölcsnyársakat a homár mellett, amíg szép grilljelzés nem lesz, oldalanként körülbelül 3-4 percig.

g) Tálaljuk az olvasztott vajjal és a lime szeletekkel kinyomkodni.

38.Trópusi fekete bab saláta mangóval

ÖSSZETEVŐK:

- 3 csésze főtt feketebab, leszűrjük és leöblítjük
- ½ csésze apróra vágott piros kaliforniai paprika
- ¼ csésze darált vöröshagyma
- ¼ csésze darált friss koriander
- 1 jalapeño, kimagozva és darálva (opcionális)
- 3 evőkanál szőlőmagolajat
- 2 evőkanál friss limelé
- 2 teáskanál agavé nektár
- ¼ teáskanál só
- ⅛ teáskanál őrölt cayenne

UTASÍTÁS:

a) Egy nagy tálban keverje össze a babot, a mangót, a kaliforniai paprikát, a hagymát, a koriandert és a jalapenót, ha használja, és tegye félre.

b) Egy kis tálban keverjük össze az olajat, a lime levét, az agave nektárt, a sót és a cayenne-t. Az öntetet a salátára öntjük és jól összekeverjük.

c) 20 percre hűtőbe tesszük és tálaljuk.

39.Trópusi rizstál

ÖSSZETEVŐK:
TÁL
- 1 édesburgonya, meghámozva és falatnyi darabokra vágva
- 1 evőkanál extra szűz olívaolaj
- 2 csésze jázmin rizs, főtt
- 1 ananász meghámozva, kimagozva és falatnyi darabokra vágva
- ¼ csésze kesudió
- 4 evőkanál nyers héjas kendermag

ÉDES-Savanyú szósz
- 1 evőkanál kukoricakeményítő
- ½ csésze apróra vágott ananász
- ¼ csésze rizsecet
- ⅓ csésze világos barna cukor
- 3 evőkanál ketchup
- 2 teáskanál szójaszósz

UTASÍTÁS:
ÉDESBURGONYA
a) Melegítse elő a sütőt 425ºF-ra.
b) Az édesburgonyát megforgatjuk az olajjal. Sütőpapíros tepsire tesszük és 30 percig sütjük.
c) Kivesszük a sütőből és hagyjuk kihűlni.

ÉDES-Savanyú szósz
d) Keverje össze a kukoricakeményítőt és 1 evőkanál vizet egy kis tálban. Félretesz, mellőz.
e) Adja hozzá az ananászt és ¼ csésze vizet egy turmixgépbe. Addig keverjük, amíg a keverék a lehető legsimább lesz.
f) Adja hozzá az ananász keveréket, a rizsecetet, a barna cukrot, a ketchupot és a szójaszószt egy közepes serpenyőbe.
g) Közepes-magas lángon felforraljuk.
h) Keverjük hozzá a kukoricakeményítő keveréket, és főzzük addig, amíg besűrűsödik, körülbelül egy percig. Vegyük le a tűzről, és tegyük félre, amíg összeállítjuk a tálakat.

ÖSSZESZERELÉS
i) Helyezzen rizst az egyes edények aljába. Adjon hozzá egy sor ananászt, kesudiót, kendermagot és édesburgonyát.
j) Felöntjük az édes-savanyú szósszal.

40.Trópusi sertés kebab

ÖSSZETEVŐK:
- 8 db fa vagy fém nyárs
- 2 kiló sertéskaraj, 1 hüvelykes kockákra vágva
- 2 nagy piros kaliforniai paprika kimagozva, megtisztítva és 8 részre vágva
- 1 zöld kaliforniai paprika kimagozva, megtisztítva és 8 részre vágva
- ½ friss ananász, 4 szeletre vágva, majd szeletekre vágva
- ½ csésze méz
- ½ csésze limelé
- 2 teáskanál reszelt lime héj
- 3 gerezd fokhagyma, felaprítva
- ¼ csésze sárga mustár
- 1 teáskanál só
- ¼ teáskanál fekete bors

UTASÍTÁS:
a) Ha fa nyársat használ, áztassa vízbe 15-20 percre.

b) Felváltva szúrjon fel minden nyársat sertésdarabokkal, 2 darab pirospaprikával, 1 darab zöldpaprikával és 2 szelet ananászszel.

c) Egy 9" x 13"-es tepsiben keverje össze a mézet, a lime levét, a reszelt lime héját, a fokhagymát, a sárga mustárt, a sót és a fekete borsot; jól összekeverni. Helyezze a kebabot egy tepsibe, és forgassa meg, hogy bevonja a pácot. Letakarva legalább 4 órára vagy egy éjszakára hűtőbe tesszük, időnként megforgatva.

d) Melegítse fel a grillt közepesen magas hőfokra. Kenje meg a kebabot páclével; dobja ki a felesleges pácot.

e) Grill kebabot 7-9 percig, vagy addig, amíg a sertéshús már nem lesz rózsaszín, és gyakran forgassa meg, hogy minden oldalról megsüljön.

41. Jamaicai Jerk Pork

ÖSSZETEVŐK:

- 2 kiló sertés szűzpecsenye, kockákra vagy csíkokra vágva
- 3 evőkanál jamaicai jerk fűszer
- 2 evőkanál növényi olaj
- 2 evőkanál limelé
- 2 evőkanál szójaszósz
- 2 evőkanál barna cukor
- 2 gerezd fokhagyma, felaprítva
- 1 teáskanál reszelt gyömbér
- Só és bors ízlés szerint

UTASÍTÁS:

a) Egy tálban keverje össze a jamaicai fűszerkeveréket, a növényi olajat, a lime levét, a szójaszószt, a barna cukrot, a darált fokhagymát, a reszelt gyömbért, a sót és a borsot.

b) Adja hozzá a sertés szűzpecsenyekockákat vagy csíkokat a tálba, és dobja rá, hogy egyenletesen bevonja a pácot.

c) Fedjük le a tálat, és tegyük hűtőbe legalább 1 órára, vagy egy éjszakára az intenzívebb íz érdekében.

d) Melegítsen elő egy grillezőt vagy grillserpenyőt közepesen magas lángon.

e) Vegye ki a sertéshúst a pácból, rázza le a felesleget.

f) A sertéshúst oldalanként körülbelül 4-6 percig grillezzük, vagy amíg megpuhul és szépen megpirul.

g) Grillezés közben kenjük meg a sertéshúst a maradék páclével.

h) Ha megsült, tegyük át a sertéshúst egy tálra, és hagyjuk pihenni néhány percig.

i) Tálalja a jamaicai jerk sertéshúst fűszeres és ízes trópusi főételként.

j) Élvezze a jerk fűszerezés füstös és aromás ízeit!

42. Mangó Curry Tofu

ÖSSZETEVŐK:

- 1 blokk (14 oz) kemény tofu, lecsepegtetve és kockákra vágva
- 1 evőkanál növényi olaj
- 1 hagyma, szeletelve
- 2 gerezd fokhagyma, felaprítva
- 1 evőkanál curry por
- 1 teáskanál őrölt kömény
- ½ teáskanál őrölt kurkuma
- ½ teáskanál őrölt koriander
- ¼ teáskanál cayenne bors (ízlés szerint módosítani)
- 1 doboz (14 oz) kókusztej
- 1 érett mangó meghámozva, kimagozva és felkockázva
- 1 evőkanál limelé
- Só ízlés szerint
- Díszítésnek apróra vágott friss koriander
- Főtt rizs vagy naan kenyér a tálaláshoz

UTASÍTÁS:

a) Melegítsünk növényi olajat egy nagy serpenyőben vagy wokban közepes lángon.

b) Hozzáadjuk a felszeletelt hagymát és a felaprított fokhagymát, és 2-3 percig pároljuk, amíg megpuhul és illatos lesz.

c) Adjunk hozzá curryport, őrölt köményt, őrölt kurkumát, őrölt koriandert és cayenne borsot. Jól keverjük össze, hogy a hagymát és a fokhagymát bevonja a fűszerekkel.

d) Tegyük a kockákra vágott tofut a serpenyőbe, és főzzük 3-4 percig, amíg kissé megpirul.

e) Öntsük hozzá a kókusztejet, és forraljuk fel.

f) A serpenyőbe adjuk a kockára vágott mangót és a lime levét, és ízlés szerint sózzuk.

g) Pároljuk 5-6 percig, amíg a tofu felforrósodik és az ízek összeolvadnak.

h) Díszítsük apróra vágott friss korianderrel.

i) Tálalja a mangó curry tofut főtt rizs mellé vagy naan kenyérrel egy kielégítő trópusi főételhez.

j) Élvezze a krémes és aromás mangó curryt lágy tofuval és illatos fűszerekkel!

43.Karib-tengeri fekete bab és mangó quinoa saláta

ÖSSZETEVŐK:

- 1 csésze főtt quinoa, hűtve
- 1 doboz (15 uncia) fekete bab, leöblítve és lecsepegtetve
- 1 érett mangó meghámozva, kimagozva és felkockázva
- 1 piros kaliforniai paprika, felkockázva
- ¼ csésze apróra vágott vöröshagyma
- ¼ csésze apróra vágott friss koriander
- 1 lime leve
- 2 evőkanál olívaolaj
- 1 teáskanál őrölt kömény
- Só és bors ízlés szerint

UTASÍTÁS:

a) Egy nagy tálban keverje össze a főtt quinoát, a fekete babot, a kockára vágott mangót, a kockára vágott piros kaliforniai paprikát, az apróra vágott lilahagymát és az apróra vágott friss koriandert.
b) Egy kis tálban keverjük össze a lime levét, az olívaolajat, az őrölt köményt, a sót és a borsot.
c) Az öntetet a quinoás keverékre öntjük, és jól összeforgatjuk.
d) Ha szükséges, módosítsa a fűszerezést.
e) Fedjük le a tálat és tegyük hűtőbe legalább 30 percre, hogy az ízek összeérjenek.
f) Tálalás előtt a salátát óvatosan átforgatjuk, hogy az összes hozzávaló jól össze legyen keverve.
g) Tálalja a karibi feketebab és mangó quinoa salátát frissítő és tápláló trópusi főételként.
h) Élvezze a fehérjében gazdag feketebab, a lédús mangó és az illatos koriander kombinációját minden falatban!

44. Hawaii Teriyaki csirke

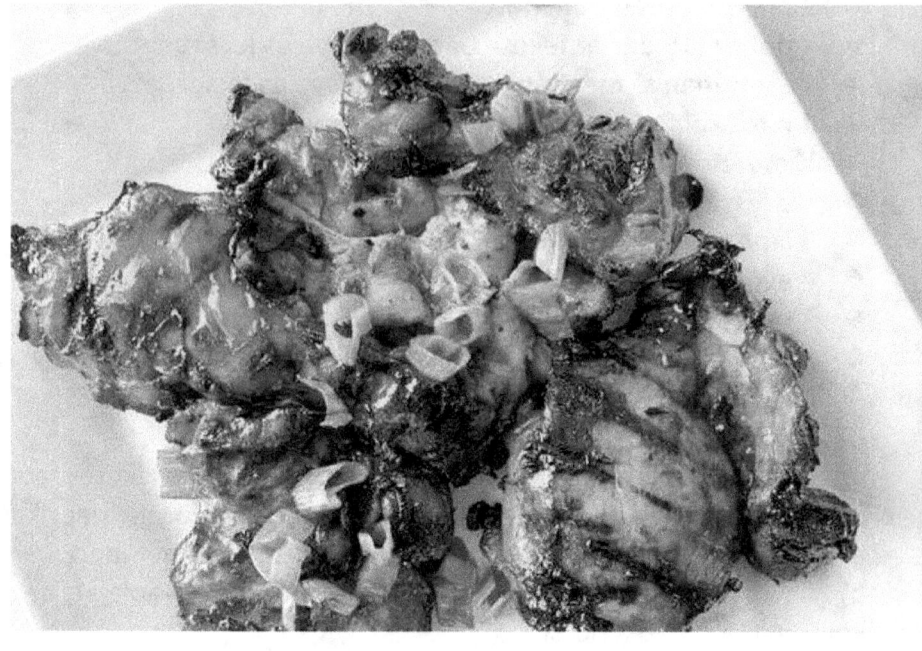

ÖSSZETEVŐK:

- 4 csont nélküli, bőr nélküli csirkecomb
- ¼ csésze szójaszósz
- ¼ csésze ananászlé
- 2 evőkanál méz
- 2 evőkanál rizsecet
- 1 evőkanál szezámolaj
- 2 gerezd fokhagyma, felaprítva
- 1 teáskanál reszelt gyömbér
- Díszítésnek ananászszeletek
- Díszítésnek apróra vágott zöldhagyma

UTASÍTÁS:

a) Egy tálban keverjük össze a szójaszószt, az ananászlevet, a mézet, a rizsecetet, a szezámolajat, a darált fokhagymát és a reszelt gyömbért.
b) Helyezzük a csirkecombokat egy sekély edénybe, és öntsük rá a pácot. Ügyeljen arra, hogy a csirke egyenletesen legyen bevonva.
c) Fedjük le az edényt, és tegyük hűtőbe legalább 1 órára, vagy egy éjszakára az intenzívebb íz érdekében.
d) Melegítsen elő egy grillezőt vagy grillserpenyőt közepesen magas lángon.
e) Vegyük ki a csirkecombokat a pácból, rázzuk le a felesleget.
f) Grillezze a csirkét oldalanként körülbelül 5-6 percig, vagy amíg megpuhul és szépen megpirul.
g) A csirkét grillezés közben kenjük meg a maradék páclével.
h) Ha megsült, tegyük a csirkét egy tálra, és hagyjuk pihenni néhány percig.
i) Díszítsük ananászszeletekkel és apróra vágott zöldhagymával.
j) Tálaljuk a hawaii teriyaki csirkét trópusi ihletésű főételként.
k) Élvezze a puha és ízes csirkét az édes és csípős teriyaki mázzal!

45.Kókuszos lime garnélarák curry

ÖSSZETEVŐK:

- 1 font garnélarák, meghámozva és kivágva
- 1 doboz (13,5 oz) kókusztej
- 2 lime leve és héja
- 2 evőkanál thai zöld curry paszta
- 1 evőkanál halszósz
- 1 evőkanál barna cukor
- 1 piros kaliforniai paprika, szeletelve
- 1 cukkini, szeletelve
- 1 csésze csípős borsó
- 1 evőkanál növényi olaj
- Friss koriander díszítéshez
- Főtt rizs tálaláshoz

UTASÍTÁS:

a) Melegítsünk növényi olajat egy nagy serpenyőben vagy wokban közepes lángon.

b) Tegye a thai zöld curry pasztát a serpenyőbe, és főzze 1 percig, amíg illatos lesz.

c) Öntsük hozzá a kókusztejet, és jól keverjük össze, hogy a curry masszához keveredjen.

d) Adjuk hozzá a halszószt, a barna cukrot, a lime levét és a lime héját. Feloldódásig keverjük.

e) Adjuk hozzá a szeletelt piros kaliforniai paprikát, a cukkinit és a borsót a serpenyőbe. Keverjük meg, hogy bevonja a zöldségeket a curry szósszal.

f) 5-6 percig pároljuk, amíg a zöldségek megpuhulnak.

g) Adjuk hozzá a garnélarákot a serpenyőbe, és főzzük további 3-4 percig, amíg a garnélarák rózsaszínű nem lesz és átfőtt.

h) Levesszük a tűzről, és friss korianderrel díszítjük.

i) Tálalja a kókuszos lime garnélarák curryt főtt rizsre, hogy ízletes és aromás trópusi ételt készítsen.

j) Élvezze a krémes kókuszos curry szószt zamatos garnélarákkal és ropogós zöldségekkel!

46.Jamaicai Curry kecske

ÖSSZETEVŐK:

- 2 kiló kecskehús, kockákra vágva
- 2 evőkanál jamaicai curry por
- 1 hagyma, apróra vágva
- 3 gerezd fokhagyma, felaprítva
- 1 scotch bonnet paprika, a magokat eltávolítva és ledarálva
- 1 evőkanál növényi olaj
- 2 csésze kókusztej
- 2 csésze víz
- 2 szál friss kakukkfű
- Só és bors ízlés szerint
- Főtt rizs vagy roti a tálaláshoz

UTASÍTÁS:

a) Egy tálban fűszerezzük a kecskehúst jamaicai curryporral, sóval és borssal. Dobjuk fel, hogy egyenletesen bevonja a húst.
b) Melegítsünk növényi olajat egy nagy fazékban vagy holland sütőben közepes lángon.
c) A befűszerezett kecskehúst beletesszük az edénybe, és minden oldalát megpirítjuk. Vegye ki a húst az edényből, és tegye félre.
d) Ugyanabban az edényben adjuk hozzá az apróra vágott hagymát, a darált fokhagymát és a darált bonnet borsot (ha használunk). 2-3 percig pároljuk, amíg a hagyma áttetsző és illatos lesz.
e) Tegyük vissza a megpirított kecskehúst az edénybe, és keverjük össze a hagymával és a fokhagymával.
f) Öntsük hozzá a kókusztejet és a vizet. Jól keverjük össze, hogy a folyadékok elkeveredjenek.
g) Adjunk hozzá friss kakukkfű gallyakat az edénybe, és forraljuk fel a keveréket.
h) Csökkentse a hőt alacsonyra, fedje le az edényt, és hagyja főni körülbelül 2-3 órán át, vagy amíg a kecskehús puha és ízes lesz. Időnként megkeverjük, hogy ne ragadjon össze.
i) A fűszerezést ízlés szerint sózzuk, borsozzuk.
j) Tálalja a jamaicai curry kecskét főtt rizs mellé, vagy rotival egy autentikus és kiadós trópusi főételhez.
k) Élvezze a curryvel átitatott kecskehús gazdag és aromás ízeit!

47.Karib-tengeri stílusú Fish Tacos

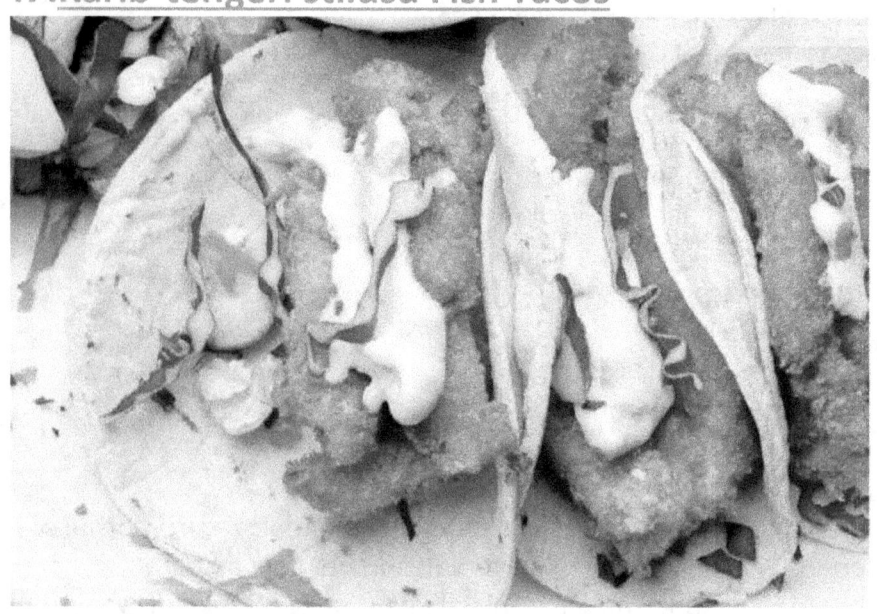

ÖSSZETEVŐK:
- 1 font fehér halfilé (például tőkehal vagy tilápia)
- ¼ csésze univerzális liszt
- 1 evőkanál karibi jerk fűszer
- ½ teáskanál só
- ¼ teáskanál fekete bors
- 2 evőkanál növényi olaj
- 8 kis tortilla
- Reszelt saláta
- Szeletelt avokádó
- Apróra vágott friss koriander
- Lime szeletek a tálaláshoz

UTASÍTÁS:
a) Egy sekély edényben keverjük össze a lisztet, a karibi fűszerkeveréket, a sót és a fekete borsot.
b) A halfiléket beleforgatjuk a lisztes keverékbe, a felesleget lerázva.
c) Melegítsünk növényi olajat egy nagy serpenyőben közepes lángon.
d) Tegye bele a bevont halfilét a serpenyőbe, és süsse oldalanként kb. 3-4 percig, vagy amíg a hal átsül és aranybarna nem lesz.
e) Vegye ki a halat a serpenyőből, és hagyja pihenni néhány percig.
f) Melegítse fel a tortillákat száraz serpenyőben vagy mikrohullámú sütőben.
g) A főtt halat pelyhesítjük, és elosztjuk a tortillák között.
h) A hal tetejére reszelt salátát, szeletelt avokádót és apróra vágott friss koriandert teszünk.
i) A feltétekre facsarj friss lime levet.
j) Tálalja a karibi stílusú haltacókat trópusi és ízletes főételként.
k) Élvezze a ropogós és fűszerezett halat friss és élénk feltétekkel!

48.Mangómázas lazac

ÖSSZETEVŐK:

- 4 lazac filé
- 1 érett mangó, meghámozva, kimagozva és pürésítve
- 2 evőkanál szójaszósz
- 2 evőkanál méz
- 2 evőkanál limelé
- 2 gerezd fokhagyma, felaprítva
- 1 teáskanál reszelt gyömbér
- Só és bors ízlés szerint
- Díszítésnek apróra vágott friss koriander

UTASÍTÁS:

a) Melegítsük elő a sütőt 190 °C-ra (375 °F).

b) Egy tálban keverjük össze a mangópürét, a szójaszószt, a mézet, a lime levét, a darált fokhagymát, a reszelt gyömbért, a sót és a borsot.

c) A lazacfiléket tepsibe tesszük, és ráöntjük a mangómázzal. Ügyeljen arra, hogy a lazac egyenletesen legyen bevonva.

d) Előmelegített sütőben körülbelül 12-15 percig sütjük, vagy amíg a lazac megpuhul, és villával könnyen kipattant.

e) A lazacot sütés közben egyszer-kétszer megkenjük a mázzal.

f) Ha megsült, vegyük ki a lazacot a sütőből, és hagyjuk pihenni néhány percig.

g) Díszítsük apróra vágott friss korianderrel.

h) Tálald a mangómázas lazacot trópusi és ízletes főételként.

i) Élvezze a zamatos és édes lazacot a csípős és gyümölcsös mangómázzal!

49.Karib-tengeri növényi curry

ÖSSZETEVŐK:

- 1 evőkanál növényi olaj
- 1 hagyma, apróra vágva
- 2 gerezd fokhagyma, felaprítva
- 1 piros kaliforniai paprika, felkockázva
- 1 sárga kaliforniai paprika, kockára vágva
- 1 cukkini, felkockázva
- 1 édesburgonya, meghámozva és felkockázva
- 1 csésze karfiol rózsa
- 1 doboz (14 oz) kókusztej
- 2 evőkanál karibi curry por
- 1 teáskanál őrölt kömény
- 1 teáskanál őrölt koriander
- ¼ teáskanál cayenne bors (ízlés szerint módosítani)
- Só és bors ízlés szerint
- Díszítésnek apróra vágott friss koriander
- Főtt rizs vagy roti a tálaláshoz

UTASÍTÁS:

a) Melegítsünk növényi olajat egy nagy serpenyőben vagy edényben közepes lángon.

b) Adjuk hozzá az apróra vágott hagymát és a zúzott fokhagymát, és pároljuk 2-3 percig, amíg megpuhul és illatos lesz.

c) Tegye a serpenyőbe kockára vágott piros és sárga kaliforniai paprikát, kockára vágott cukkinit, kockára vágott édesburgonyát és karfiol virágokat. Keverjük össze, hogy a zöldségeket bevonja az olaj.

d) 5-6 percig főzzük, amíg a zöldségek el nem kezdenek puhulni.

e) Egy kis tálban keverje össze a karibi curryport, az őrölt köményt, az őrölt koriandert, a cayenne borsot, a sót és a borsot.

f) A fűszerkeveréket a serpenyőben lévő zöldségekre szórjuk, és jól elkeverjük, hogy bevonja.

g) Öntsük hozzá a kókusztejet, és keverjük össze a fűszerekkel és a zöldségekkel.

h) Forraljuk fel a keveréket, és fedjük le a serpenyőt. Hagyja főni körülbelül 15-20 percig, vagy amíg a zöldségek megpuhulnak, és az ízek összeolvadnak.

i) Ha szükséges, módosítsa a fűszerezést.

j) Díszítsük apróra vágott friss korianderrel.

k) Tálalja a karibi zöldséges curryt főtt rizs mellé vagy rotival egy kiadós és ízletes trópusi főételhez.

l) Élvezze a curryvel átitatott zöldségek élénk és aromás ízeit!

50.Jerk csirke mangó salsával

ÖSSZETEVŐK:
- 4 csont nélküli, bőr nélküli csirkemell
- 2 evőkanál jamaicai jerk fűszer
- 2 evőkanál növényi olaj
- Só és bors ízlés szerint

MANGO SALSA:
- 1 érett mangó meghámozva, kimagozva és felkockázva
- ½ vöröshagyma, apróra vágva
- ½ piros kaliforniai paprika, apróra vágva
- ½ jalapeno bors, a magok és a bordák eltávolítva, apróra vágva
- 1 lime leve
- 2 evőkanál apróra vágott friss koriander
- Só ízlés szerint

UTASÍTÁS:

a) Melegítsük elő a grillt vagy a grillserpenyőt közepesen magas hőfokra.

b) Dörzsölje be a csirkemelleket jamaicai fűszerkeverékkel, növényi olajjal, sóval és borssal.

c) A csirkét oldalanként körülbelül 6-8 percig grillezzük, vagy amíg megpuhul és szépen megpirul. A belső hőmérsékletnek el kell érnie a 165°F-ot (74°C).

d) Vegyük le a csirkét a grillről, és hagyjuk pihenni néhány percig.

e) Közben elkészítjük a mangó salsát úgy, hogy egy tálban összekeverjük a kockára vágott mangót, az apróra vágott lilahagymát, az apróra vágott piros kaliforniai paprikát, az apróra vágott jalapeno borsot, a lime levét, az apróra vágott friss koriandert és a sót. Keverjük jól össze.

f) A grillezett jerk csirkét felszeleteljük, és egy bőséges kanál mangósalsával a tetejére tálaljuk.

g) Tálaljuk a jerk csirkét mangó salsával trópusi és fűszeres főételként.

h) Élvezze a merész és ízes jerk fűszerezést a frissítő és gyümölcsös mangó salsával párosítva!

51.Hawaii BBQ sertésborda

ÖSSZETEVŐK:

- 2 rács sertésborda
- 1 csésze ananászlé
- ½ csésze ketchup
- ¼ csésze szójaszósz
- ¼ csésze barna cukor
- 2 evőkanál rizsecet
- 2 gerezd fokhagyma, felaprítva
- 1 teáskanál reszelt gyömbér
- Só és bors ízlés szerint

UTASÍTÁS:

a) Melegítsük elő a sütőt 325°F-ra (163°C).

b) Egy tálban keverjük össze az ananászlevet, a ketchupot, a szójaszószt, a barna cukrot, a rizsecetet, a darált fokhagymát, a reszelt gyömbért, a sót és a borsot.

c) Helyezze a sertésborda rácsokat egy nagy tepsibe vagy serpenyőbe.

d) Öntsük a pácot a bordákra, ügyelve arra, hogy minden oldaluk be legyen vonva. Tartson egy kis pácot a pácoláshoz.

e) Fedjük le az edényt alufóliával és tegyük az előmelegített sütőbe.

f) Süssük a bordákat körülbelül 2 órán keresztül, vagy amíg megpuhulnak, és a hús el nem kezd leválni a csontokról.

g) Távolítsa el a fóliát, és kenje meg a bordákat a fenntartott páccal.

h) Növelje a sütő hőmérsékletét 200 °C-ra, és fedetlenül tegye vissza a bordákat a sütőbe.

i) Süssük további 15-20 percig, vagy amíg a bordák szépen karamellizálódnak és a szósz besűrűsödik.

j) Tálalás előtt vegyük ki a sütőből, és hagyjuk a bordákat néhány percig pihenni.

k) Tálalja a hawaii BBQ sertésbordát trópusi és zamatos főételként.

l) Élvezze a lágy és ízes bordákat az édes és csípős BBQ mázzal!

52.Karib-tengeri grillezett steak ananászsalsával

ÖSSZETEVŐK:
- 2 kilós flank steak
- 2 evőkanál karibi jerk fűszer
- 2 evőkanál növényi olaj
- Só és bors ízlés szerint

ANANÁSZ SALSA:
- 1 csésze kockára vágott ananász
- ½ vöröshagyma, apróra vágva
- ½ piros kaliforniai paprika, apróra vágva
- ½ jalapeno bors, a magok és a bordák eltávolítva, apróra vágva
- 1 lime leve
- 2 evőkanál apróra vágott friss koriander
- Só ízlés szerint

UTASÍTÁS:
a) Melegítsük elő a grillt vagy a grillserpenyőt közepesen magas hőfokra.
b) Dörzsölje be a steaket karibi fűszerezéssel, növényi olajjal, sóval és borssal.
c) A steaket oldalanként körülbelül 4-6 percig grillezzük, vagy amíg el nem éri a kívánt készenléti szintet. Szeletelés előtt hagyjuk néhány percig pihenni.
d) Közben elkészítjük az ananászsalsát úgy, hogy egy tálban összekeverjük a kockára vágott ananászt, a finomra vágott lilahagymát, az apróra vágott piros kaliforniai paprikát, az apróra vágott jalapeno borsot, a lime levét, az apróra vágott friss koriandert és a sót. Keverjük jól össze.
e) Szeletelje fel a grillezett steaket a gabonához képest, és egy bőséges kanál ananászsalsával a tetejére tálalja.
f) Tálalja a karibi grillezett steaket ananászsalsával trópusi és ízletes főételként.

TROPIKUS DESSZERTEK

53.Trópusi gyümölcs pavlova

ÖSSZETEVŐK:
- 4 nagy tojásfehérje szobahőmérsékleten
- 1 csipet só
- 225 gramm porcukor
- 2 teáskanál kukoricaliszt
- 1 csipet tejszín fogkő
- 1 teáskanál fehérborecet
- 4 csepp vanília kivonat
- 2 Passiógyümölcs
- Érett trópusi gyümölcsök, például mangó; kivi, csillaggyümölcs és köszméte
- 150 milliliter Dupla tejszín
- 200 milliliteres creme fraiche

UTASÍTÁS :
a) Melegítsd elő a sütőt 150c/300f/Gas 2.
b) Béleljen ki egy tepsit tapadásmentes sütőpapírral, és rajzoljon rá egy 22 cm-es kört. A habcsókhoz: Verje fel a tojásfehérjét és a sót egy nagy, tiszta tálban, amíg kemény csúcsok nem lesznek.
c) Harmadánként habosítsd bele a cukrot, minden adagolás között alaposan keverd keményre és nagyon fényesre. Szórjuk rá a kukoricalisztet, a tartárkrémet, az ecetet és a vaníliakivonatot, majd óvatosan forgassuk össze.
d) Halmozd fel a habcsókot a papírra a körön belül, ügyelve arra, hogy a közepén legyen jelentős üreg.
e) Tegye be a sütőbe, és azonnal csökkentse a hőt 120c/250f/Gáz ¼-ra, és süsse 1½-2 órán keresztül, amíg halványbarna, de a közepe kissé megpuhul. Kapcsolja ki a sütőt, hagyja kissé nyitva az ajtót, és hagyja teljesen kihűlni.
f) A töltelékhez: A passiógyümölcsöt félbevágjuk és a pépet kikanalazzuk. Hámozza meg és szeletelje fel a kiválasztott gyümölcsöt, ha szükséges.
g) A tejszínt egy tálba tesszük és sűrűre verjük, majd beleforgatjuk a creme fraiche-t. Húzzuk le a papírt a pavlováról, és tegyük egy tányérra.
h) Halmozzuk fel a tejszínes keveréket, és helyezzük el a tetején a gyümölcsöt, a maracuja pépével fejezzük be. Egyszerre tálaljuk.

54.Trópusi Margarita Sorbet

ÖSSZETEVŐK:

- 1 csésze cukor
- 1 csésze maracuja püré
- 1½ font érett mangó, meghámozva, kimagozva és felkockázva
- 2 lime reszelt héja
- 2 evőkanál Blanco (fehér) tequila
- 1 evőkanál narancslikőr
- 1 evőkanál világos kukoricaszirup
- ½ teáskanál kóser só

UTASÍTÁS:

a) Egy kis serpenyőben keverjük össze a cukrot és a maracuja-pürét.
b) Közepes lángon forraljuk fel, kevergetve, hogy feloldódjon
c) cukor. Levesszük a tűzről és hagyjuk kihűlni.
d) Turmixgépben keverje össze a maracuja-keveréket, a kockára vágott mangót, a lime héját, a tequilát, a narancslikőrt, a kukoricaszirupot és a sót. Püresítsd simára.
e) Öntsük a keveréket egy tálba, fedjük le, és tegyük hűtőbe, amíg ki nem hűl, legalább 4 órára vagy akár egy éjszakára.
f) Fagyassza le és forgassa fagylaltkészítőben a gyártó utasításai szerint.
g) A lágy állag érdekében (szerintem a legjobb) azonnal tálaljuk a sorbetet; a szilárdabb állag érdekében tegyük át egy edénybe, fedjük le, és hagyjuk 2-3 órán át a fagyasztóban megszilárdulni.

55.Kókuszos és ananászos trópusi fahéj

ÖSSZETEVŐK:

- 1 tojás
- 50 gramm cukor
- 250 ml kókusztej
- 200 ml Nehéz tejszín
- ½ egész ananász Friss ananász
- 1 rum

UTASÍTÁS:

a) Használja a legnagyobb tálat, mivel az összes hozzávalót ugyanabba a tálba keveri, amelybe a tejszínt felverjük.

b) Válaszd szét a tojássárgáját és a fehérjét. A tojásfehérjéből és a cukor feléből kemény habcsót készítünk. A cukor másik felét elkeverjük a tojássárgájával, és fehéredésig keverjük.

c) A tejszínt addig verjük, amíg enyhén lágy csúcsok nem lesznek. Adjuk hozzá a kókusztejet és enyhén keverjük össze.

d) Az ananászt vagy apróra vágjuk, vagy turmixgéppel enyhén durva masszává pépesítjük.

e) Az előkészítés ezen a ponton befejeződött. Nem kell túl precíznek lenni. Az egészet a tejszínnel és a kókusztejjel keverjük össze. Adjuk hozzá a habcsókot is, és jól keverjük össze.

f) Öntsük egy Tupperware dobozba, és fagyasszuk le. Nem kell félúton kevergetni.

g) Ha az ananászt sima masszává aprítja, az eredmény selymesebb lesz, és inkább az eredeti gelato-hoz hasonlít.

h) Miután a zselatót a tálalóedényekbe kanalazta, öntsön rá egy kis csepp rumot. Csodálatos íze van, akár egy piña colada koktélnak.

56.Trópusi apróság

ÖSSZETEVŐK:
- Három 12 uncia doboz párolt tej
- 4 csésze teljes tej
- 1 csésze plusz 2 evőkanál cukor
- 6 Enyhén felvert tojássárgája
- 2 evőkanál édes sherry vagy desszertbor
- 1 teáskanál vanília
- 1 csésze szeletelt eper
- 12 szelet Napos kilótorta vagy 24
- Ladyfinger vagy 36 macaroon
- 3 mangó, meghámozva és szeletelve
- 5 Kiwi, meghámozva és szeletelve
- 1 csésze félbevágott mag nélküli vörös szőlő

UTASÍTÁS:
a) A tejet egy serpenyőben alacsony lángon felforrósítjuk.
b) Adjunk hozzá 1 csésze cukrot és a sárgáját, lassan keverjük, hogy a tojás ne csomósodjon.
c) Folyamatos keverés mellett főzzük tovább, amíg a keverék nagyon sűrű nem lesz.
d) Ne hagyja felforrni, különben megdermed. Adjunk hozzá sherryt és vaníliát.
e) Vegyük le a tűzről és hűtsük le. Keverjük össze a bogyókat 2 evőkanál cukorral, és tegyük félre.
f) Egy apró edényt kibélelünk tortaszeletekkel.
g) A kihűlt puding felét ráöntjük a tortára, majd hozzáadjuk a gyümölcs felét, beleértve a bogyókat is.
h) Adjunk hozzá még egy réteg tortát, és adjuk meg a maradék pudinggal, majd gyümölccsel.
i) Tálalásig hűtőbe tesszük. Ha szükséges, tálalás előtt szórjunk rá még sherryt.

57.Trópusi hengerelt fagylalt

ÖSSZETEVŐK:

- Göngyölt vanília fagylalt
- 1½ csésze felengedett fagyasztott mangódarabok
- Sárga ételfesték

FELTÉTEL

- Kókuszos tejszínhab, felengedve
- Friss mangó, apróra vágva
- Pirított kókuszreszelék

UTASÍTÁS:

a) Készítsen vaníliás tekercs fagylaltot az utasításoknak megfelelően, kivéve, hogy a hozzávalókat turmixgépben keverje össze 1-½ csésze felolvasztott fagyasztott mangódarabokkal, és színezze be sárga ételfestékkel.

b) Fedjük le és turmixoljuk simára.

c) A fagyasztott tekercs tetejére felengedett kókuszos tejszínhabbal, apróra vágott mangóval és pirított kókuszreszelékkel.

58. Trópusi gyümölcshab

ÖSSZETEVŐK:

- 1 csésze cukrozatlan ananászlé
- 1 csésze friss bio bogyólé
- 1 csésze cukrozatlan tejszínhab

UTASÍTÁS:

a) Erős lángon felhevítjük.
b) Csökkentse a hőt közepesre, és állandó keverés mellett párolja 5 percig, amíg a keverék besűrűsödik.
c) Vegyük le a tűzről és hűtsük le teljesen.
d) A tejszínhabot a kihűlt leves keverékhez keverjük.
e) 6 különálló tálba kanalazzuk, és hűtőbe tesszük, amíg kihűl.

59. Trópusi gyümölcs sörbet

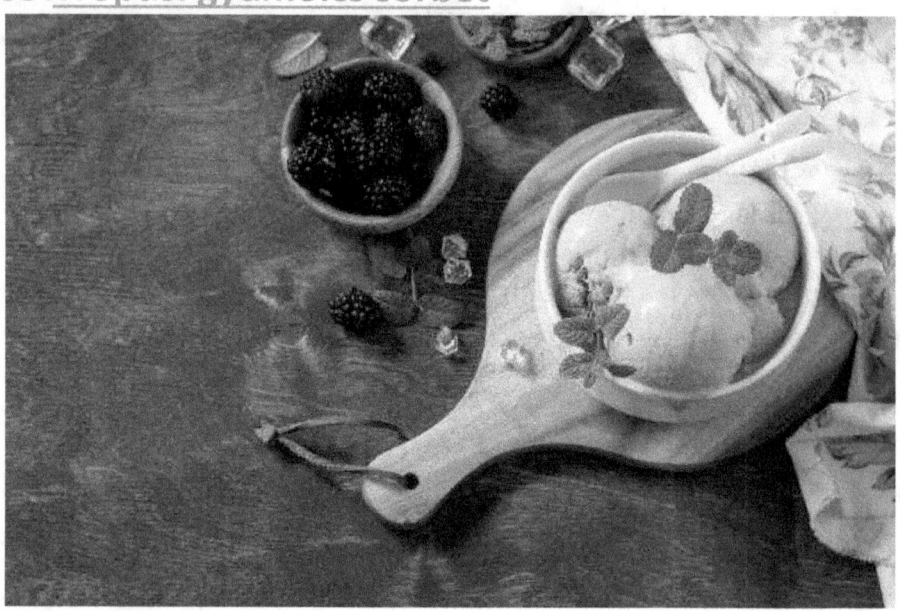

ÖSSZETEVŐK:

- 2 csésze hámozott és apróra vágott érett trópusi gyümölcs
- 1 csésze cukorszirup
- 2 lime
- 1 csésze teljes tej vagy író

UTASÍTÁS:

a) A trópusi gyümölcsöt pürésítsd vagy turmixold össze, majd nyomd át egy finom szitán, ha sima állagot szeretsz.

b) Belekeverjük a cukorszirupot, 1 lime finomra reszelt héját és mindkettő levét, valamint a tejet.

c) Öntsük egy fagyasztóedénybe, és fagyasszuk le, kézi keverési módszerrel, fagyasztás közben kétszer-háromszor feltörve.

d) Fagyasszuk keményre, majd kanalazzuk félbevágott, kis ananászhéjakba vagy tálalóedényekbe, és szórjuk meg frissen reszelt szerecsendióval.

e) Tálaljuk apró trópusi gyümölcsökkel, például licsivel, szőlővel vagy pirított friss kókuszreszelékkel.

f) Ez a fagylalt akár 1 hónapig is lefagyasztható.

g) Tálalás előtt 10 perccel vegyük ki a fagyasztóból, hogy megpuhuljon.

60.Mangó kókuszos Chia Popsics

ÖSSZETEVŐK:

- 2 érett mangó, meghámozva és kimagozva
- 1 csésze kókusztej
- 2 evőkanál méz vagy juharszirup
- 2 evőkanál chia mag

UTASÍTÁS:

a) Turmixgépben keverjük össze az érett mangót, a kókusztejet és a mézet vagy juharszirupot.
b) Keverjük simára és krémesre.
c) Keverje hozzá a chia magot, és hagyja állni 5 percig, hogy a chia mag besűrűsödjön.
d) A mangós kókuszos chia keveréket öntsük a popsaformákba.
e) Helyezze be a popsirudakat, és fagyassza le legalább 4 órára, vagy amíg teljesen meg nem fagy.
f) Ha megdermedt, vedd ki a formákból a popsikát, és élvezd a trópusi mangós kókuszos chia pálcikát egy forró napon!

61.Mangó kókuszos Panna Cotta

ÖSSZETEVŐK:

- 1 csésze mangópüré
- 1 csésze kókusztej
- ¼ csésze cukor
- 1 teáskanál vanília kivonat
- 2 teáskanál zselatin por
- 2 evőkanál vizet

UTASÍTÁS:

a) Egy kis tálkában szórjunk zselatint vízzel, és hagyjuk 5 percig virágozni.

b) Egy serpenyőben a mangópürét, a kókusztejet, a cukrot és a vaníliakivonatot közepes lángon addig melegítjük, amíg el nem kezd forrni.

c) Vegyük le a tűzről, és keverjük hozzá a kivirágzott zselatint, amíg teljesen fel nem oldódik.

d) Öntse a keveréket az egyes adagolópoharakba vagy ramekinekbe.

e) Hűtőbe tesszük legalább 4 órára, vagy amíg meg nem áll.

f) Hűtve tálaljuk, és friss mangószeletekkel vagy kókuszreszelékkel díszítjük.

62.Piña Colada Cupcakes

ÖSSZETEVŐK:
- 1 ½ csésze univerzális liszt
- 1 ½ teáskanál sütőpor
- ¼ teáskanál só
- ½ csésze sózatlan vaj, lágyított
- 1 csésze kristálycukor
- 2 nagy tojás
- 1 teáskanál vanília kivonat
- ½ csésze konzerv ananászlé
- ¼ csésze kókusztej
- ¼ csésze kókuszreszelék

UTASÍTÁS:
a) Melegítsd elő a sütőt 175°C-ra, és bélelj ki egy muffinsütőt cupcake-béléssel.
b) Egy tálban keverjük össze a lisztet, a sütőport és a sót.
c) Egy külön nagy tálban keverjük össze a vajat és a cukrot, amíg világos és habos nem lesz.
d) Egyenként beleütjük a tojásokat, majd a vaníliakivonatot.
e) Az ananászlével és a kókusztejjel felváltva fokozatosan hozzáadjuk a száraz hozzávalókat a nedves hozzávalókhoz.
f) Belekeverjük a kókuszreszeléket.
g) Osszuk el egyenletesen a tésztát a cupcake-bélések között.
h) 18-20 percig sütjük, vagy amíg a közepébe szúrt fogpiszkáló tisztán ki nem jön.
i) Vegyük ki a sütőből, és hagyjuk teljesen kihűlni a süteményt.
j) Kókuszvajkrémes cukormázzal lekenjük, ananászdarabokkal és kókuszreszelékkel díszítjük.

63. Passion Fruit Mousse

ÖSSZETEVŐK:
- 1 csésze maracuja pép (szűrve, hogy eltávolítsuk a magokat)
- 1 csésze nehéz tejszín
- ½ csésze édesített sűrített tej
- ½ teáskanál vanília kivonat
- Friss maracuja magok díszítéshez (opcionális)

UTASÍTÁS:
a) Egy keverőtálban verjük fel a kemény tejszínt, amíg lágy csúcsok nem lesznek.
b) Egy külön tálban keverje össze a maracuja pépet, az édesített sűrített tejet és a vanília kivonatot. Jól összekeverni.
c) Óvatosan keverje hozzá a tejszínhabot a maracuja keverékhez, amíg jól el nem keveredik.
d) A keveréket tálalópoharakba vagy ramekinekbe öntjük.
e) Hűtőbe tesszük legalább 2 órára, vagy amíg megdermed.
f) Tálalás előtt ízlés szerint díszítsük friss maracuja magvakkal.
g) Élvezze a maracuja mousse könnyű és trópusi ízeit.

64.Mangó ragacsos rizs

ÖSSZETEVŐK:

- 1 csésze nyálkás rizs (ragadós rizs)
- 1 csésze kókusztej
- ½ csésze kristálycukor
- ¼ teáskanál só
- 2 érett mangó, szeletelve
- Pirított szezámmag a díszítéshez (elhagyható)

UTASÍTÁS:

a) Öblítse le a nyálkás rizst hideg víz alatt, amíg a víz tiszta nem lesz.

b) Egy serpenyőben keverjük össze a leöblített rizst, a kókusztejet, a cukrot és a sót.

c) Főzzük a keveréket közepes-alacsony lángon, gyakran kevergetve, amíg a rizs fel nem szívja a folyadékot, ragacsos és puha lesz (kb. 20-25 perc).

d) Vegyük le a tűzről, és hagyjuk kissé kihűlni.

e) A mangós ragacsos rizst úgy tálaljuk, hogy egy tányérra vagy tálra teszünk egy halom ragacsos rizst, és a tetejére szeletelt mangót helyezünk.

f) Megszórjuk pirított szezámmaggal az extra ropogós és diós íz érdekében.

65.Guava sajttorta

ÖSSZETEVŐK:
A KÉGRE:
- 1 ½ csésze graham kekszmorzsa
- 1/4 csésze olvasztott vaj
- 2 evőkanál kristálycukor

A TÖLTETÉSHEZ:
- 24 uncia (680 g) krémsajt, lágyítva
- 1 csésze kristálycukor
- 3 nagy tojás
- 1 teáskanál vanília kivonat
- 1 csésze guava paszta, megolvasztva és lehűtve

A GUAVA FELTÉTHEZ:
- 1 csésze guava püré vagy guavalé
- 1/4 csésze kristálycukor
- 1 evőkanál kukoricakeményítő
- 1 evőkanál vizet

UTASÍTÁS:
a) Melegítsd elő a sütőt 163°C-ra (325°F). Egy 9 hüvelykes (23 cm) rugós formát kivajazunk, és félretesszük.
b) Egy közepes tálban keverje össze a Graham keksz morzsáját, az olvasztott vajat és a kristálycukrot a kéreghez. Jól keverje össze, amíg a keverék nedves homokhoz nem hasonlít.
c) A morzsás keveréket egyenletesen nyomkodjuk az előkészített rugós tepsi aljára. Egy kanál vagy egy lapos fenekű pohár hátuljával nyomja le határozottan.
d) Egy nagy keverőtálban a krémsajtot és a kristálycukrot simára és krémesre keverjük. Egyenként hozzáadjuk a tojásokat, minden hozzáadás után jól felverve. Belekeverjük a vaníliakivonatot.
e) Az olvasztott és kihűlt guavapasztát öntsük a krémsajtos keverékhez, és addig verjük, amíg jól össze nem keveredik. Győződjön meg róla, hogy nincsenek csomók.
f) Öntsük a sajttorta tölteléket a rugós tepsiben lévő kéregre. Lapáttal simítsuk el a tetejét.
g) Helyezze a rugós formát egy sütőlapra, hogy a sütés közben esetlegesen szivárogjon. Előmelegített sütőben kb 55-60 percig sütjük, vagy amíg a szélei meg nem puhulnak, a közepe pedig kissé meg nem ropogott.
h) Vegye ki a sajttortát a sütőből, és hagyja szobahőmérsékletűre hűlni. Ezután tegyük hűtőbe legalább 4 órára vagy egy éjszakára, hogy teljesen megdermedjen.
i) Amíg a sajttorta hűl, elkészítjük a guava feltétet. Egy serpenyőben keverje össze a guavapürét vagy a guavalevet, a kristálycukrot, a kukoricakeményítőt és a vizet. Jól keverjük össze, hogy a kukoricakeményítő feloldódjon.
j) Tegye a serpenyőt közepes lángra, és folytonos keverés mellett főzze addig, amíg a keverék besűrűsödik és enyhén fel nem forr. Levesszük a tűzről és hagyjuk kihűlni.
k) Ha a sajttorta teljesen kihűlt és megszilárdult, vegye ki a rugós formából. A guava öntetet ráöntjük a sajttortára, egyenletesen elosztva.
l) Tegye vissza a sajttortát a hűtőbe körülbelül 1 órára, hogy a guava öntet megdermedjen.

66.Fejjel lefelé fordított ananászos torta

ÖSSZETEVŐK:
A FELTÉTHEZ:
- ¼ csésze sótlan vaj
- ⅔ csésze csomagolt barna cukor
- 1 doboz (20 oz) ananászszelet, lecsepegtetve
- Maraschino cseresznye a díszítéshez

A TORTÁHOZ:
- 1 ½ csésze univerzális liszt
- 2 teáskanál sütőpor
- ½ teáskanál só
- ½ csésze sózatlan vaj, lágyított
- 1 csésze kristálycukor
- 2 nagy tojás
- 1 teáskanál vanília kivonat
- ½ csésze ananászlé

UTASÍTÁS:
a) Melegítsük elő a sütőt 175 °C-ra, és zsírozzanak ki egy 9 hüvelykes kerek tortaformát.
b) Egy serpenyőben közepes lángon olvasszuk fel a feltéthez a vajat.
c) Addig keverjük a barna cukrot, amíg fel nem oldódik és fel nem forr.
d) A masszát a kivajazott tortaformába öntjük, egyenletesen elosztva.
e) Az ananászszeleteket a barna cukros keverék tetejére rendezzük. Minden ananászszelet közepére tegyen egy maraschino cseresznyét.
f) Egy tálban keverjük össze a lisztet, a sütőport és a sót a tortához.
g) Egy külön nagy tálban keverjük össze a vajat és a cukrot, amíg világos és habos nem lesz.
h) Egyenként beleütjük a tojásokat, majd a vaníliakivonatot.
i) Az ananászlével felváltva fokozatosan hozzáadjuk a száraz hozzávalókat a nedves hozzávalókhoz.
j) A tésztát a tortaformában lévő ananászszeletekre öntjük.
k) 40-45 percig sütjük, vagy amíg a közepébe szúrt fogpiszkáló tisztán ki nem jön.
l) Vegyük ki a sütőből, és hagyjuk hűlni a tortát a tepsiben 10 percig.
m) A tortát fordítsa egy tálra, óvatosan vegye ki a tepsit.
n) Az ananászos süteményt fejjel lefelé melegen vagy szobahőmérsékleten tálaljuk, a karamellizált ananászos öntetet felmutatva.

67.Kókuszos makaronok

ÖSSZETEVŐK:

- 2 ⅔ csésze kókuszreszelék
- ⅔ csésze édesített sűrített tej
- 1 teáskanál vanília kivonat

UTASÍTÁS:

a) Melegítsd elő a sütőt 163°C-ra, és bélelj ki egy tepsit sütőpapírral.
b) Egy tálban keverjük össze a kókuszreszeléket, az édesített sűrített tejet és a vaníliakivonatot. Jól keverjük össze, amíg teljesen össze nem áll.
c) Egy evőkanál vagy süteménykanállal a kókuszos keverékből gömbölyű halmokat ejtsünk az előkészített tepsire, körülbelül 2 hüvelyk távolságra egymástól.
d) 15-18 percig sütjük, vagy amíg a szélei aranybarnák nem lesznek.
e) Vegyük ki a sütőből, és hagyjuk a macaronokat a tepsiben néhány percig hűlni.
f) Tegye át a macaronokat egy rácsra, hogy teljesen kihűljön.
g) Opcionális: Csorgass olvasztott csokoládét a kihűlt macaronokra, hogy még édesebbé és ízesebbé tegye.
h) Tálald a kókuszos macaroont kellemes és rágós trópusi desszertként.

68.Ananászos kókuszos fagylalt

ÖSSZETEVŐK:

- 2 csésze konzerv kókusztej
- 1 csésze zúzott ananász, lecsepegtetve
- ½ csésze kristálycukor
- 1 teáskanál vanília kivonat

UTASÍTÁS:

a) Turmixgépben vagy konyhai robotgépben keverje össze a kókusztejet, a tört ananászt, a cukrot és a vaníliakivonatot. Keverjük simára és jól keverjük össze.

b) Öntsük a keveréket egy fagylaltkészítőbe, és forgassuk össze a gyártó utasításai szerint.

c) Amikor a fagylalt elérte a puha állagot, tegye át egy fedeles edénybe.

d) Fagyassza le a fagylaltot néhány órára, vagy amíg megszilárdul.

e) Tálalja az ananászos kókuszfagylaltot tálakba vagy tobozokba, és élvezze a trópusi ízeket.

69.Kókuszos rizspuding

ÖSSZETEVŐK:

- 1 csésze jázmin rizs
- 2 csésze víz
- 2 csésze kókusztej
- ½ csésze kristálycukor
- ½ teáskanál só
- ½ teáskanál vanília kivonat
- Pirított kókuszreszelék a díszítéshez (elhagyható)

UTASÍTÁS:

a) Egy serpenyőben keverjük össze a jázminrizst és a vizet. Forraljuk fel, majd csökkentsük a hőt alacsonyra, fedjük le, és pároljuk körülbelül 15 percig, vagy amíg a rizs megfő és a víz felszívódik.

b) A főtt rizshez adjuk a kókusztejet, a kristálycukrot, a sót és a vaníliakivonatot. Keverjük jól össze.

c) Főzzük a keveréket közepes-alacsony lángon, időnként megkeverve 15-20 percig, vagy amíg a rizs felszívja a kókusztejet és a puding besűrűsödik.

d) Vegyük le a tűzről, és hagyjuk kissé kihűlni.

e) A kókuszos rizspudingot melegen vagy hűtve tálaljuk.

f) Díszítsük pirított kókuszreszelékkel a textúra és az íz fokozása érdekében.

70.Mangós kókuszos torta

ÖSSZETEVŐK:
A KÉGRE:
- 1 ½ csésze graham kekszmorzsa
- ¼ csésze kristálycukor
- ½ csésze sózatlan vaj, olvasztott

A TÖLTETÉSHEZ:
- 2 csésze érett mangódarabok
- 1 csésze kókusztej
- ½ csésze kristálycukor
- ¼ csésze kukoricakeményítő
- ¼ teáskanál só
- ½ csésze kókuszreszelék
- Szeletelt mangó a díszítéshez (elhagyható)

UTASÍTÁS:

a) Melegítsük elő a sütőt 175 °C-ra, és zsírozzanak ki egy 9 hüvelykes tortaformát.
b) Egy tálban keverjük össze a Graham kekszmorzsát, a kristálycukrot és az olvasztott vajat a kéreghez. Jól összekeverni.
c) Nyomd bele a tésztát a tortaforma aljába és oldalába, így egyenletes réteget hozz létre.
d) 10 percig sütjük a tésztát, majd kivesszük a sütőből és hagyjuk kihűlni.
e) Turmixgépben vagy konyhai robotgépben turmixold simára a mangódarabokat.
f) Egy serpenyőben keverjük össze a kókusztejet, a kristálycukrot, a kukoricakeményítőt és a sót a töltelékhez.
g) Közepes lángon, folyamatos keverés mellett főzzük addig, amíg besűrűsödik és fel nem forr.
h) Levesszük a tűzről, és belekeverjük a mangót és a kókuszreszeléket.
i) Öntsük a mangós kókuszos tölteléket a megsült héjba.
j) Lapáttal simítsuk el a tetejét.
k) Süssük további 15-20 percig, vagy amíg a töltelék megszilárdul és a szélei aranybarnák nem lesznek.
l) A sütőből kivéve hagyjuk teljesen kihűlni a tepsiben.
m) Ha kihűlt, tegyük hűtőbe legalább 2 órára, hogy lehűljön és megdermedjen.
n) Tálalás előtt ízlés szerint szeletelt mangóval díszítjük.
o) Szeletelje fel és tálalja a mangós kókusztortát trópusi és krémes desszertként.

71. Papaya Lime Sorbet

ÖSSZETEVŐK:
- 2 csésze érett papaya darabok
- ½ csésze kristálycukor
- ¼ csésze víz
- 2 lime leve
- Lime héj a díszítéshez (elhagyható)

UTASÍTÁS:
a) Turmixgépben vagy konyhai robotgépben turmixold simára a papaya darabokat.
b) Egy serpenyőben keverjük össze a kristálycukrot és a vizet. Közepes lángon addig melegítjük, amíg a cukor teljesen fel nem oldódik, egyszerű szirupot hozva létre.
c) Vegyük le a tűzről, és hagyjuk szobahőmérsékletre hűlni az egyszerű szirupot.
d) Egy tálban keverjük össze a kikevert papayát és a lime levét.
e) Keverje hozzá az egyszerű szirupot, amíg jól össze nem áll.
f) Öntsük a keveréket egy fagylaltkészítőbe, és forgassuk össze a gyártó utasításai szerint.
g) Tegye a sorbetet egy fedeles edénybe, és fagyassza le néhány órára, vagy amíg megszilárdul.
h) Tálald a papaya lime sorbetet tálakba vagy kúpokba.
i) Díszítsük lime héjával, hogy extra citrusos ízt kapjunk.

72.Kókuszos banán puding

ÖSSZETEVŐK:
- 3 nagy érett banán
- 1 doboz (13,5 oz) kókusztej
- ½ csésze kristálycukor
- ¼ csésze kukoricakeményítő
- ¼ teáskanál só
- 1 teáskanál vanília kivonat
- ½ csésze kókuszreszelék a díszítéshez (opcionális)

UTASÍTÁS:
a) Turmixgépben vagy konyhai robotgépben turmixold simára az érett banánt.
b) Egy serpenyőben keverjük össze a kókusztejet, a kristálycukrot, a kukoricakeményítőt és a sót.
c) Közepes lángon, folyamatos keverés mellett főzzük addig, amíg besűrűsödik és fel nem forr.
d) Vedd le a tűzről, és keverd hozzá a banánt és a vaníliakivonatot.
e) A kókuszos banánpudingot tálalótálakba vagy ramekinekbe öntjük.
f) Hűtőbe tesszük legalább 2 órára, vagy amíg kihűl és megdermed.
g) Tálalás előtt ízlés szerint kókuszreszelékkel díszíthetjük.
h) Élvezze a kókuszos banánpuding krémes és trópusi ízeit.

73. Ananász Coconut Crumble

ÖSSZETEVŐK:
A TÖLTETÉSHEZ:
- 4 csésze friss ananászdarabok
- ¼ csésze kristálycukor
- 2 evőkanál kukoricakeményítő
- 1 evőkanál friss citromlé

A CRUMBLE FELTÉTHEZ:
- 1 csésze univerzális liszt
- ½ csésze kristálycukor
- ½ csésze sózatlan vaj, olvasztott
- ½ csésze kókuszreszelék

UTASÍTÁS:
a) Melegítsd elő a sütőt 175°C-ra (350°F), és kivajazd a sütőedényt.

b) Egy tálban keverjük össze az ananászdarabkákat, a kristálycukrot, a kukoricakeményítőt és a citromlevet a töltelékhez. Jól keverjük össze, amíg az ananász be nem vonódik.

c) Az ananászos töltelékét a kivajazott tepsibe öntjük.

d) Egy külön tálban keverje össze az univerzális lisztet, a kristálycukrot, az olvasztott vajat és a kókuszreszeléket az öntethez. Addig keverjük, amíg a keverék durva morzsához nem hasonlít.

e) A tepsiben lévő ananászos töltelékre egyenletesen szórjuk a morzsás feltétet.

f) Süssük 30-35 percig, vagy amíg a teteje aranybarna és az ananászos töltelék buborékos nem lesz.

g) Vegyük ki a sütőből és hagyjuk kicsit kihűlni.

h) Tálalja az ananászos kókuszreszeléket melegen egy gombóc vanília fagylalttal vagy egy kanál tejszínhabbal, hogy kellemes trópusi desszertként szolgáljon.

TROPIKUS ITALOK

74. Trópusi víz

ÖSSZETEVŐK:
- 1 friss menta vagy bazsalikom
- 1 mandarin, meghámozva
- ½ mangó, meghámozva és felkockázva
- Szűrt víz

UTASÍTÁS:
a) Tedd egy üvegkancsóba a mentát, a mandarint és a mangót.
b) Töltse fel szűrt vízzel.
c) 2 órán át áztatjuk hűtőben.
d) Tálalásos poharakba töltjük.

75. Trópusi paradicsom

ÖSSZETEVŐK:

- 1 kiwi, meghámozva és apróra vágva
- 1 vaníliarúd, hosszában kettévágva
- ½ mangó, kockára vágva

UTASÍTÁS:

a) Tegye a mangót, a kivit és a vaníliarudat egy 64 unciás kancsóba.
b) Tedd szűrt vízbe vagy kókuszvízbe.
c) Tálalás előtt hűtsük le.

76. Trópusi jeges tea

ÖSSZETEVŐK:
- 1 csésze friss narancslé
- 1 csésze ananász
- ½ csésze agave szirup
- 12 csésze forrásban lévő víz
- 12 zacskó tea
- 3 csésze citromos szóda

UTASÍTÁS:
a) Helyezzen forrásban lévő vizet és teát egy teáskannába;
b) Hagyja megmeredni.
c) Hűtőbe tesszük, amíg kihűl.
d) Helyezze az ananászt és a narancslevet a turmixgépbe.
e) Addig pürésítjük, amíg a keverék egynemű és sima nem lesz.
f) Helyezze az ananászpürét a kancsóba.
g) keverjük hozzá az agave szirupot és a citromos szódát.
h) Keverjük össze, és hűtve tálaljuk.

77.Fűszeres trópusi zöld turmix

ÖSSZETEVŐK:

- 2 csésze szorosan csomagolt spenótlevél
- 1 csésze fagyasztott ananászdarabok
- 1 csésze fagyasztott mangódarabok
- 1 kis mandarin meghámozva és kimagozva, vagy 1 lime leve
- 1 csésze kókuszvíz
- ¼ teáskanál cayenne bors (elhagyható)

UTASÍTÁS:
a) Az összes hozzávalót turmixgépbe tesszük, és magas fokozaton simára turmixoljuk.
b) Élvezze hidegen.

78. Trópusi mandarin turmix

ÖSSZETEVŐK:
- 2 mandarin meghámozva és szeletekre vágva
- ½ csésze ananász
- 1 fagyasztott banán

UTASÍTÁS:
a) Keverjük össze ½-1 csésze folyadékkal.
b) Élvezd

79.Trópusi quinoa turmix

ÖSSZETEVŐK:
- ¼ csésze főtt quinoa
- ¼ csésze könnyű kókusztej
- ⅓ csésze fagyasztott mangódarabok
- ⅓ csésze fagyasztott ananászdarabok
- ½ fagyasztott banán
- 1 evőkanál cukrozatlan kókuszreszelék
- 1 evőkanál kókuszcukor ízlés szerint
- ½ teáskanál vanília

UTASÍTÁS:
a) Az összes hozzávalót turmixgépben simára keverjük.
b) Állítsa be az állagot ízlés szerint úgy, hogy több tejet ad hozzá a vékonyabb turmixhoz, és jeget vagy egy kis joghurtot a sűrűbb turmixhoz.
c) Élvezd!

80. Tropicala

ÖSSZETEVŐK:

- ½ csésze ananász
- ½ közepes köldök narancs meghámozva
- 10 mandula
- ¼ csésze kókusztej
- Egy ¼ hüvelykes szelet friss gyömbér
- 1 evőkanál friss citromlé
- ¼ teáskanál őrölt kurkuma vagy egy ¼ hüvelykes szelet frissen
- 4 jégkocka

UTASÍTÁS:

a) Az összes hozzávalót turmixgépben összedolgozzuk, és simára pürésítjük.

81. Piña Colada

ÖSSZETEVŐK:

- 2 uncia rum
- 2 uncia ananászlé
- 2 uncia kókuszkrém
- Díszítésnek ananászszelet és cseresznye

UTASÍTÁS:

a) Töltsön meg egy shakert jégkockákkal.
b) Adjunk hozzá rumot, ananászlevet és kókuszkrémet a shakerbe.
c) Jól rázza fel.
d) Szűrjük le a keveréket egy jéggel teli pohárba.
e) Díszítsük ananászszelettel és cseresznyével.
f) Tálald és élvezd!

82.Eper Daiquiri

ÖSSZETEVŐK:

- 2 uncia rum
- 1 uncia limelé
- 1 uncia egyszerű szirup
- 4-5 friss eper
- Jégkockák
- Díszítésnek eper

UTASÍTÁS:

a) Turmixgépben keverje össze a rumot, a lime levét, az egyszerű szirupot, a friss epret és a jégkockákat.
b) Keverjük simára és krémesre.
c) Öntse a keveréket egy pohárba.
d) Díszítsük eperrel.
e) Tálald és élvezd!

83. Trópusi Margarita

ÖSSZETEVŐK:

- 2 uncia tequila
- 1 uncia limelé
- 1 uncia narancslé
- 1 uncia ananászlé
- ½ uncia egyszerű szirup
- Lime ék és só a peremhez (opcionális)

UTASÍTÁS:

a) Kívánt esetben peremezze meg a poharat sóval úgy, hogy egy mészszeletet dörzsöl a pereme köré, és mártja a sóba.
b) Töltsön meg egy shakert jégkockákkal.
c) Adjunk hozzá tequilát, lime-levet, narancslevet, ananászlevet és egyszerű szirupot a shakerbe.
d) Jól rázza fel.
e) Szűrjük a keveréket az előkészített jéggel töltött pohárba.
f) Lime szelettel díszítjük.
g) Tálald és élvezd!

84. Blue Hawaiian Mocktail

ÖSSZETEVŐK:

- 2 uncia kék curaçao szirup
- 2 uncia ananászlé
- 1 uncia kókuszkrém
- Díszítésnek ananászszelet és cseresznye

UTASÍTÁS:

a) Töltsön meg egy shakert jégkockákkal.
b) Adja hozzá a kék curaçao szirupot, az ananászlevet és a kókuszkrémet a shakerhez.
c) Jól rázza fel.
d) Szűrjük le a keveréket egy jéggel teli pohárba.
e) Díszítsük ananászszelettel és cseresznyével.
f) Tálalja és élvezze ezt az élénk, alkoholmentes trópusi italt!

85. Mango Mojito Mocktail

ÖSSZETEVŐK:

- 1 érett mangó meghámozva és felkockázva
- 1 uncia limelé
- 1 uncia egyszerű szirup
- 6-8 friss mentalevél
- Szódavíz
- Díszítésnek mangószelet és mentaszál

UTASÍTÁS:

a) Egy pohárban keverjük össze a mangókockákat lime levével és egyszerű sziruppal.
b) Hozzáadjuk a jégkockákat és a tépett mentaleveleket.
c) Felöntjük szódavízzel.
d) Óvatosan keverjük össze.
e) Díszítsük mangószelettel és menta ággyal.
f) Tálalja és élvezze ezt a frissítő mocktailt!

86.Kókuszos limeade

ÖSSZETEVŐK:

- 1 csésze kókuszvíz
- ¼ csésze limelé
- 2 evőkanál egyszerű szirup
- Díszítésnek lime szeleteket és mentaleveleket

UTASÍTÁS:

a) Egy kancsóban keverje össze a kókuszvizet, a lime levét és az egyszerű szirupot.
b) Jól keverjük össze.
c) Adjunk jégkockákat a tálalópoharakhoz.
d) Öntsön kókuszos limeadet a jégre minden pohárban.
e) Lime szeletekkel és mentalevéllel díszítjük.
f) Tálalás előtt óvatosan keverjük meg.
g) Élvezze ennek a trópusi limeade mocktailnek a frissítő és csípős ízeit!

87. Trópusi Sangria

ÖSSZETEVŐK:

- 1 üveg fehérbor
- 1 csésze ananászlé
- ½ csésze narancslé
- ¼ csésze rum
- 2 evőkanál egyszerű szirup
- Válogatott trópusi gyümölcsök
- Club szóda (opcionális)
- Mentalevél díszítéshez

UTASÍTÁS:

a) Egy nagy kancsóban keverje össze a fehérbort, az ananászlevet, a narancslevet, a rumot és az egyszerű szirupot.
b) Jól keverjük össze.
c) Tegye a felszeletelt trópusi gyümölcsöket a kancsóba.
d) Hűtőbe tesszük legalább 1 órára, hogy az ízek összeérjenek.
e) Tálaláskor öntsük a trópusi sangriát jéggel töltött poharakba.
f) Ha szükséges, a tetejére tegyünk szódabikarbónát.
g) Díszítsük menta levelekkel.
h) Kortyoljon és élvezze a gyümölcsös és frissítő trópusi sangriát!

88.Görögdinnye Lime hűtő

ÖSSZETEVŐK:

- 2 csésze friss görögdinnye, kockára vágva
- 2 lime leve
- 2 evőkanál méz
- 1 csésze szénsavas víz
- Díszítésnek görögdinnyeszeletek és mentaszálak

UTASÍTÁS:

a) Turmixgépben turmixold simára a friss görögdinnyét.
b) Szűrje le a görögdinnye levét egy kancsóba, hogy eltávolítsa a pépet.
c) Adjunk hozzá limelevet és mézet a kancsóba.
d) Jól keverjük össze, hogy a méz feloldódjon.
e) Közvetlenül tálalás előtt öntsünk pezsgő vizet a kancsóba, és óvatosan keverjük össze.
f) A görögdinnye lime hűtőt jéggel töltött poharakba öntjük.
g) Díszítsük görögdinnye szeletekkel és menta ágakkal.
h) Kortyoljon és élvezze ezt a frissítő és hidratáló trópusi hűtőt!

89.Mangó zöld tea

ÖSSZETEVŐK:

- 2 csésze főzött zöld tea, lehűtve
- 1 csésze érett mangódarabok
- 1 evőkanál méz (elhagyható)
- Jégkockák
- Díszítésnek mangószelet

UTASÍTÁS:
a) Turmixgépben turmixold simára az érett mangódarabokat.
b) Egy kancsóban keverje össze a főzött zöld teát és a mangópürét.
c) Jól keverjük össze.
d) Kívánt esetben adjon hozzá mézet a tea édesítéséhez.
e) Töltsük meg a tálalópoharakat jégkockákkal.
f) Öntse a mangó zöld teát a jégre minden pohárban.
g) Mangószeletekkel díszítjük.
h) Tálalás előtt óvatosan keverjük meg.
i) Élvezze ennek a frissítő mangó zöld teának a trópusi ízeit!

90.Trópusi puncs

ÖSSZETEVŐK:

- 2 csésze ananászlé
- 1 csésze narancslé
- ½ csésze áfonyalé
- ¼ csésze limelé
- 2 csésze gyömbér sör
- Díszítésnek ananászszeletek és narancsszeletek

UTASÍTÁS:

a) Egy kancsóban keverje össze az ananászlevet, a narancslevet, az áfonyalevet és a lime levét.
b) Jól keverjük össze, hogy elkeveredjen.
c) Közvetlenül tálalás előtt öntsön gyömbérsört a kancsóba, és óvatosan keverje össze.
d) Töltsük meg a tálalópoharakat jégkockákkal.
e) Öntse a trópusi puncsot a jégre minden pohárban.
f) Díszítsük ananászszeletekkel és narancsszeletekkel.
g) Tálalás előtt óvatosan keverjük meg.
h) Élvezze ennek a frissítő puncsnak a gyümölcsös és trópusi ízeit!

91. Hibiszkusz jeges tea

ÖSSZETEVŐK:
- 4 csésze víz
- 4 db hibiszkuszos tea
- ¼ csésze méz vagy cukor (ízlés szerint)
- Díszítésnek citromszelet és mentalevél

UTASÍTÁS:
a) Egy serpenyőben vizet forralunk.
b) Vegyük le a tűzről, és adjunk hozzá hibiszkuszos teát.
c) Hagyja állni a teát 10-15 percig.
d) Vegye ki a teazacskókat, és keverje hozzá a mézet vagy a cukrot, amíg fel nem oldódik.
e) Hagyja a teát szobahőmérsékletűre hűlni, majd hűtse le a hűtőben.
f) Töltsük meg a tálalópoharakat jégkockákkal.
g) Öntse a hibiszkuszos jeges teát a jégre minden pohárban.
h) Díszítsük citrom szeletekkel és mentalevéllel.
i) Tálalás előtt óvatosan keverjük meg.
j) Kortyoljon és élvezze a vibráló és frissítő hibiszkusz teát!

92. Trópusi jeges kávé

ÖSSZETEVŐK:

- 1 csésze főzött kávé, lehűtve
- ½ csésze kókusztej
- ¼ csésze ananászlé
- 1 evőkanál méz vagy cukor (ízlés szerint)
- Jégkockák

UTASÍTÁS:

a) Egy pohárban keverje össze a lehűtött kávét, a kókusztejet, az ananászlevet és a mézet vagy a cukrot.
b) Jól keverjük össze, hogy feloldódjon az édesítőszer.
c) Töltsön meg egy külön poharat jégkockákkal.
d) Öntse a trópusi jeges kávét a jégre.
e) Tálalás előtt óvatosan keverjük meg.
f) Élvezze a trópusi csavart egy klasszikus jeges kávén!

TROPIKUS FŰSZEREK

93.Ananász-papaya salsa

ÖSSZETEVŐK:

- 2 csésze apróra vágott friss ananász
- 1 érett papaya, meghámozva, kimagozva és 1/4 hüvelykes kockákra vágva
- 1/2 csésze darált vöröshagyma
- 1/4 csésze apróra vágott friss koriander vagy petrezselyem
- 2 evőkanál friss limelé
- 1 teáskanál almaecet
- 2 teáskanál cukor
- 1/4 teáskanál só
- 1 kis forró piros chili, kimagozva és darálva

UTASÍTÁS:

a) Egy üvegtálban keverje össze az összes hozzávalót, jól keverje össze, fedje le, és tálalás előtt 30 percig szobahőmérsékleten tegye félre, vagy tegyük hűtőszekrénybe, amíg felhasználásra készen nem áll.

b) Ez a salsa a legjobb ízű, ha az elkészítés napján használjuk, de megfelelően tárolva akár 2 napig is eláll.

94.Mangó salsa

ÖSSZETEVŐK:

- 2 érett mangó felkockázva
- ½ csésze kockára vágott piros kaliforniai paprika
- ¼ csésze kockára vágott vöröshagyma
- 1 jalapeno paprika kimagozva és apróra vágva
- 1 lime leve
- 2 evőkanál apróra vágott friss koriander
- Só és bors ízlés szerint

UTASÍTÁS:

a) Egy tálban keverjük össze a felkockázott mangót, a piros kaliforniai paprikát, a lilahagymát, a jalapeno paprikát, a lime levét és a koriandert.
b) Jól összedolgozzuk és sóval, borssal ízesítjük.
c) Tálaljuk tortilla chipsekkel, vagy grillezett csirke vagy hal feltétként.
d) Élvezze a frissítő és csípős mangó salsát!

95.Kókuszos koriander Chutney

ÖSSZETEVŐK:

- 1 csésze friss korianderlevél
- ½ csésze kókuszreszelék
- 1 zöld chili kimagozva és apróra vágva
- 2 evőkanál citromlé
- 1 evőkanál pörkölt chana dal (hasított csicseriborsó)
- 1 evőkanál kókuszreszelék (elhagyható)
- Só ízlés szerint

UTASÍTÁS:

a) Turmixgépben vagy konyhai robotgépben keverje össze a korianderleveleket, a kókuszreszeléket, a zöld chilit, a citromlevet, a pörkölt chana dalt, a kókuszreszeléket (ha használ) és a sót.

b) Addig keverjük, amíg sima és krémes állagot nem kapunk.

c) A sót és a citromlevet ízlés szerint állítsa be.

d) Tegyük át egy tálba, és tegyük hűtőbe felhasználásig.

e) Tálaljuk szamosákhoz, dósákhoz mártogatósként vagy szendvicsek kenésére.

96. Tamarind Chutney

ÖSSZETEVŐK:

- 1 csésze tamarind pép
- 1 csésze fahéj vagy barna cukor
- 1 teáskanál köménypor
- 1 teáskanál őrölt gyömbér
- ½ teáskanál piros chili por
- Só ízlés szerint

UTASÍTÁS:

a) Egy serpenyőben keverje össze a tamarind pépet, a barna cukrot, a köményport, az őrölt gyömbért, a vörös chili port és a sót.

b) Adjunk hozzá 1 csésze vizet, és forraljuk fel a keveréket.

c) Csökkentse a hőt alacsonyra, és hagyja főni körülbelül 15-20 percig, időnként megkeverve, amíg a chutney besűrűsödik.

d) Vegyük le a tűzről és hagyjuk teljesen kihűlni.

e) Ha kihűlt, üvegbe tesszük és hűtőben tároljuk.

f) Használja szamosákhoz és pakorákhoz mártogatószószként, vagy chaat ételek fűszereként.

97.Passion Fruit vaj

ÖSSZETEVŐK:

- 1 csésze sózatlan vaj, lágyított
- ¼ csésze maracuja pép
- 2 evőkanál porcukor
- 1 teáskanál vanília kivonat

UTASÍTÁS:

a) Egy keverőtálban keverjük össze a lágy vajat, a maracuja pépet, a porcukrot és a vaníliakivonatot.

b) Elektromos keverővel vagy habverővel keverje össze a hozzávalókat, amíg jól össze nem áll és sima nem lesz.

c) Tegye át a maracuja vajat egy üvegbe vagy légmentesen záródó edénybe.

d) Hűtőbe tesszük legalább 1 órára, hogy az ízek összeérjenek.

e) Kenje meg a maracuja vajat a pirítósra vagy palacsintára, vagy használja desszertek feltéteként.

98.Papaya vetőmag csávázás

ÖSSZETEVŐK:

- ¼ csésze papaya mag
- ¼ csésze olívaolaj
- 2 evőkanál fehérborecet
- 1 evőkanál méz
- 1 teáskanál dijoni mustár
- Só és bors ízlés szerint

UTASÍTÁS:

a) Turmixgépben vagy konyhai robotgépben keverje össze a papaya magokat, az olívaolajat, a fehérborecetet, a mézet, a dijoni mustárt, a sót és a borsot.

b) Addig turmixoljuk, amíg az öntet sima nem lesz, és a papaya magok jól beépülnek.

c) Kóstolja meg, és ha szükséges, módosítsa a fűszerezést.

d) Tegye át a papaya csávázószert egy szorosan záródó tetővel ellátott üvegbe vagy tégelybe.

e) Használat előtt jól rázza fel.

f) Az öntetet salátákra öntjük, vagy grillezett húsok vagy zöldségek pácként használjuk.

99.Guava BBQ szósz

ÖSSZETEVŐK:

- 1 csésze guava paszta
- ½ csésze ketchup
- 2 evőkanál szójaszósz
- 2 evőkanál almaecet
- 1 evőkanál barna cukor
- 1 evőkanál Worcestershire szósz
- 1 teáskanál füstölt paprika
- ½ teáskanál fokhagymapor
- Só és bors ízlés szerint

UTASÍTÁS:

a) Egy serpenyőben keverje össze a guava pasztát, a ketchupot, a szójaszószt, az almaecetet, a barna cukrot, a Worcestershire szószt, a füstölt paprikát, a fokhagymaport, a sót és a borsot.

b) Lassú tűzön, állandó keverés mellett addig főzzük, amíg a guava paszta elolvad és a szósz besűrűsödik.

c) Kóstolja meg, és ha szükséges, módosítsa a fűszerezést.

d) Vegyük le a tűzről, és hagyjuk kihűlni a guava BBQ szószt.

e) Tegye üvegbe vagy üvegbe, és hűtse le felhasználásig.

f) Használja a mártást grillezett csirke vagy tarja mázként, vagy húsgombócokhoz vagy nyárshoz mártogatószószként.

100. Mangó Habanero szósz

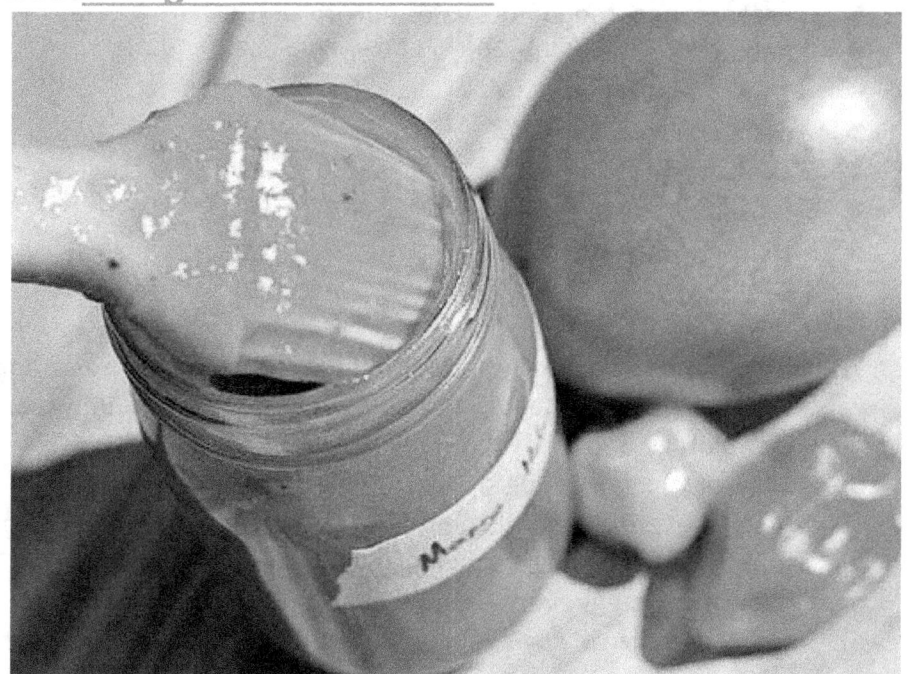

ÖSSZETEVŐK:

- 2 érett mangó, meghámozva és apróra vágva
- 2 habanero paprika kimagozva és apróra vágva
- ¼ csésze fehér ecet
- 2 evőkanál limelé
- 2 evőkanál méz
- 1 teáskanál fokhagyma por
- Só ízlés szerint

UTASÍTÁS:

a) Turmixgépben vagy konyhai robotgépben keverje össze az apróra vágott mangót, a habanero paprikát, a fehér ecetet, a lime levét, a mézet, a fokhagymaport és a sót.

b) Addig turmixoljuk, amíg sima szósz állagot nem kapunk.

c) Öntse a keveréket egy serpenyőbe, és forralja fel közepes lángon.

d) Csökkentse a hőt alacsonyra, és hagyja főni körülbelül 10-15 percig, időnként megkeverve.

e) Vegyük le a tűzről, és hagyjuk teljesen kihűlni a szószt.

f) Tegye át a mangó habanero szószt egy jól záródó tetővel ellátott üvegbe vagy üvegbe.

g) Hűtőbe tesszük felhasználásig.

h) Használja a mártást fűszeres fűszerként grillezett húsokhoz és szendvicsekhez, vagy mártogatósként tavaszi tekercsekhez vagy csirkeszárnyhoz.

KÖVETKEZTETÉS

„A trópusi konyha igazi ünnepe" című utazásunk végén reméljük, hogy átélte már azt az örömöt és lendületet, amelyet a trópusi konyha kínál az asztalra. Ezeken az oldalakon minden recept a napsütötte ízek, az egzotikus összetevők és az ünnepi hangulat ünnepe, amelyek meghatározzák a trópusi kulináris élményt.

Akár frissítő kókuszalapú italokat fogyasztott, akár karibi ihletésű ételek aromás fűszereit, vagy a trópusi gyümölcs desszertek édességét, bízunk benne, hogy ez a 100 elragadó recept paradicsomi ízt hozott konyhájába. Az összetevőkön és a technikákon túl a trópusi ünnepség esszenciája is megmaradhat az ételeiben, adva egy csipetnyi örömet kulináris törekvéseinek.

Miközben folytatja a trópusi konyha gazdag szőtteseinek felfedezését, ez a szakácskönyv inspiráljon Önt arra, hogy ételeit átitassa a napsütötte partok vibráló energiájával és ízeivel. Itt a trópusi konyha végső ünnepe, ahol minden étel kulináris menekülés a paradicsomba. Gratulálunk, hogy a trópusok melegét és élvezetét vigye asztalára!

www.ingramcontent.com/pod-product-compliance
Lightning Source LLC
Chambersburg PA
CBHW071849110526
44591CB00011B/1355